KB192615

☐ **My name is Mr. Young Jae Kim.** ⇨ p. 16
제 이름은 김영재입니다.

☐ **I'm the first son.** ⇨ p. 37
저는 장남입니다.

☐ **My family is four.** ⇨ p. 32
저희 가족은 네 명이에요.

☐ **When I was childhood, I was happy.** ⇨ p. 21
어렸을 때 저는 행복했어요.

☐ **My merit is my patience.** ⇨ p. 25
제 장점은 인내심이에요.

☐ **My mother is a housekeeper.** ⇨ p. 39
어머니께서는 전업주부이십니다.

☐ **My brother is student.** ⇨ p. 42
제 동생은 학생입니다.

☐ **My wife grows our children.** ⇨ p. 54
아내가 애들을 키웁니다.

☐ **She is kind.** ⇨ p. 72
그녀는 착합니다.

☐ **I love handmade food.** ⇨ p. 171
손수 만든 음식을 아주 좋아해요.

☐ **My house is apartment.** ⇨ p. 210
저희 집은 아파트예요.

☐ **I live in Daejeon City.** ⇨ p. 250
저는 대전시에 살아요.

☐ **The wallpaper color is blue.** ⇨ p. 220
벽지 색은 파란색이에요.

☐ **I enjoy seeing baseball game.** ⇨ p. 86
저는 야구 경기 관람을 즐겨요.

☐ **I've been to the ballpark one time.** ⇨ p. 88
야구 경기장에 한 번 간 적이 있어요.

☐ **My hobby is reading a book.** ⇨ p. 117
제 취미는 독서입니다.

☐ **I play online game at a PC room.** ⇨ p. 107
저는 PC방에서 온라인 게임을 해요.

☐ **I like to play with my friends.** ⇨ p. 62
저는 친구들과 노는 것이 좋아요.

☐ **I like to sing a song.** ⇨ p. 148
노래 부르는 것을 좋아해요.

☐ **I tripped to Hong Kong in July.** ⇨ p. 302
저는 7월에 홍콩으로 여행을 갔습니다.

☐ **The price is expensive.** ⇨ p. 180
가격이 비싸요.

☐ **It is a venture company.** ⇨ p. 291
그곳은 벤처기업입니다.

☐ **I don't have a home page.** ⇨ p. 198
저는 홈페이지가 없어요.

진단 결과는 p.13으로 ▶▶

영어
면접
표현
A to Z

영어 면접 표현 A to Z

지은이 케빈 경
펴낸이 안용백
펴낸곳 (주)넥서스

초판 1쇄 발행 2011년 9월 25일
초판 2쇄 발행 2011년 9월 30일

2판 1쇄 인쇄 2012년 7월 1일
2판 1쇄 발행 2012년 7월 5일

출판신고 1992년 4월 3일 제311-2002-2호
121-840 서울시 마포구 서교동 394-2
Tel (02)330-5500 Fax (02)330-5555

ISBN 978-89-5994-460-6 13740

본 책은 〈친절한 스피킹〉의 개정판입니다.

www.nexusbook.com

현직 대기업 영어 면접관이 알려주는 취업 성공 전략

영어 면접 표현

I'm still single. I'm not married. I still live with my parents. I haven't moved out of my parents' home yet. In Korea, kids normally live with their parents until they get married. I live in Seoul city. I live on the outskirts of Seoul. I live in a town called town. I'm currently a high school college graduate student. I currently work for a business area company. I'm a profession. I guess I'm adjective. I think I'm adjective. I consider myself adjective. I had a happy childhood. I don't really remember my childhood. My childhood wasn't all that great. I was pretty wild. I was quiet and shy. I was fairly popular. I was lazy. Apparently, I used to cry a lot. I was a good kid. I was real chubby skinny. I was tall short for my age. My family moved around a lot. We used to live in country for a while. My father was rarely home. Both my parents worked. My grandparents took care of us. My childhood dream was to become a occupation. I wanted to be like my mother. For a while, I wanted to be a occupation. What I really enjoy doing is pastime. When I'm not at work, you can find me at location. I think I was meant to be a occupation. For me, concept is the most important thing in life. I'm still trying to figure out what's important in my life. I hope to become rich one day. My dream is to be a occupation. I'm studying to become a occupation. What I would really like to do is activity. I want to work in a large corporation. I've always wanted to try activity. I'm trying to get a certificate. We are a family of number. I come from a big family. I'm an only child. I'm the only boy in my family. I have just one brother. I have number brother and number sister. I have an older sister. I have a younger sister. I have number older sister and number younger brother. I have a twin brother. He is only a year older than me. I'm number

year older than her. I'm number year younger than him. I'm the oldest. I'm the oldest daughter. I'm the second oldest. I'm the middle child of three. I'm the youngest. I'm the youngest son. My mother is a housewife. She doesn't work. She's a stay-at-home mom. My mother is

A to Z

케빈 경 지음

넥서스

머리말

한국식 영어 오류의 원조 Konglish

콩글리시는 한국에서 이미 보편화를 넘어 이제 영어 사투리로 자리매김했습니다. 무역 회사 사장이든 대기업 부장, 신입 사원 지원자, 초등학교 어린이까지 많은 한국 사람들이 콩글리시를 씁니다. 상대방이 알아듣기만 한다면 뭐가 그렇게 큰 문제냐는 말이 일리가 없는 것은 아닙니다.

사실 국내에 거주하는 원어민들과 대화할 때는 큰 문제가 되지 않지요. 한국을 찾는 영어권 관광객들과 대화할 때도 그렇고요. 그들이 한국에 있는 동안 만큼은 정신을 바짝 차리고 우리가 무슨 말을 하는지 파악하려고 노력을 할 테니까요.

문제는 한국과 콩글리시에 대해 잘 모르는 외국인들과 대화할 때입니다. 그들은 콩글리시를 들으면 내용 자체를 파악하지 못하든가 아예 오해를 할 수도 있습니다. 원어민 영어 면접이나 TOEIC Speaking과 OPIc 같은 IBT식 테스트를 통해 평가 받으려 하는 분들에게 콩글리시는 결코 도움이 되지 않습니다.

오류의 출발점

오류는 두 군데에서 출발합니다. 첫째는 직역인데 수많은 오류의 발생지입니다. 예를 들어 외국인에게 자기가 사는 곳을 소개할 때 "울산을 아세요?"라는 말을 머리에 떠올린 후 Do you know Ulsan?으로 직역을 하는 거지요. 하지만 언어에는 문화적 배경과 뉘앙스가 있어서, 영어로 Do you know...는 "(사람 이름)을 아세요?"가 됩니다. 또, "확실히 모르겠습니다"를 직역하면 I don't know exactly가 되지만 I'm not sure가 더 적절한 표현이고요.

두 번째는 수십 년 동안 오류투성이의 교과서를 가지고 영어의 미묘한 뉘앙스를 파악하지 못한 사람들에게 영어를 배웠기 때문입니다. 문법상으로는 맞지만 구어체 표현으로는 아주 어색할 때가 있습니다. 예를 들어 I'm in agreement with your opinion 같은 말입니다. 번역하면 "당신의 의견에 동의하고 있습니다"라는 의미가 되지만, 실제 한국말로 대화할 때는 "맞아요" 또는 "저도 그렇게 생각해요"라고 할 겁니다. 마찬가지로 영어로도 Yeah, it sure is나 I think so, too라고 해야 자연스럽습니다.

이 책의 출발점

사실 콩글리시 관련 책은 시중에서 많이 찾을 수 있습니다. 하지만 원어민과 대화를 하거나 스피킹 시험 또는 영어 면접에서 발생하는 흔하면서도 중요한 오류들을 체계적으로 설명한 책은 찾기 어려웠습니다. 이 책에 실린 내용은 제가 2000년부터 다수의 대기업과 중소기업에 출강한 경험과 만여 명에 달하는 대기업 신입 사원 지원자와의 영어 면접 경험, 대기업의 합숙 영어 캠프 참가자들과 유명 학원 학생들과의 수업 경험을 바탕으로 이루어졌습니다. 이 책이 영어 스피킹 현장에서 어려움을 겪고 있는 많은 이들에게 도움이 되었으면 합니다.

마지막으로 넥서스의 김신영 과장님과 조경연 씨께 이 자리를 빌려 두 분의 열정과 조언에 감사를 드립니다.

Kevin Kyung

목차

Part I

자기소개
About Me

Part II

가족과 친구
Family & Friends

취미와 관심, 여가 활동

Hobbies, Interests &
Free Time Activities

Part IV

집과 동네
Home & Neighborhood

아래 전략은 일반적인 대화뿐만 아니라 TOEIC, OPIc, NEAT 등 모든 스피킹에 적용됩니다. 더 많은 전략이 있지만 여기서는 기본적인 3가지만 간단하게 소개합니다.

단도직입적으로 대답하세요.

일반적으로 답변의 첫 문장은 받은 질문에 대해 단도직입적으로 대답해야 합니다. What으로 시작하는 질문에는 '무엇'이 나와야 되고, When은 '언제,' Where은 '어디,' Who는 '누구,' Why는 '이유,' 그리고 How는 '어떻게'여야 합니다. Do, Did, Is, Are 등으로 시작해 yes나 no로 답할 수 있는 질문은 우선 Yes나 No로 대답해야 합니다. 그리고 나서 세부 사항을 제시하세요. 즉, 첫 문장의 근거를 대는 것입니다. 이때 삼천포로 빠지지 않도록 주의하세요.

예

질문	When **do you** usually **go to bed, and** why?
	보통 언제 잠을 자세요? 왜 그렇지요?
답변 첫 문장	I usually **go to bed** at eleven.
	저는 보통 11시에 잠을 잡니다.
다음 문장	This is because **I study until 10:30.**
	왜냐하면 10시 반까지 공부하기 때문이지요.

접속사를 사용하세요.

문장과 문장 사이는 연결되어야 합니다. 그렇지 않으면 말이 부드럽지 않고 뚝뚝 끊어지는 느낌이 들지요. 그 연결 고리로 접속사(conjunction)가 최고입니다.

[예]

질문　Tell me about your typical day.
하루 일상을 말해보세요.

답변　I normally get up at 7, and I brush my teeth and take a shower.
저는 보통 7시에 일어납니다. 그리고 이를 닦고 샤워를 하지요.

My mom has breakfast ready for me,
어머니께서는 저를 위해 아침을 차려주십니다.

but sometimes I don't have time to eat.
하지만 가끔 저는 밥을 먹을 시간이 없습니다.

형용사와 부사를 사용하세요.

화젯거리의 성격이나 성질을 모르면 대화는 밋밋해집니다. 형용사(adjective)가 들어가면 화젯거리에 개성이 생깁니다. 대화가 더 뚜렷해지고요. 또한 부사(adverb)를 사용하면 대화에 생기가 돕니다.

예

형용사 · 부사가 없을 때　**I went inside the room.**
방에 들어갔습니다.

I saw the ceiling and the windows.
천장과 창문을 보았습니다.

Then I came back out.
그런 후 다시 나왔습니다.

형용사 · 부사가 있을 때　**I** slowly **went inside the** cramped **room.**
천천히 비좁은 방에 들어갔습니다.

It was smelly.
냄새가 났습니다.

The ceiling was low, **and the windows were** dirty.
천장은 낮았고, 창문은 지저분했습니다.

I was scared.
무서웠습니다.

So I came back out quickly.
그래서 빨리 다시 나왔습니다.

스피킹 실력점검리스트 진단 결과

당신의 실력은?

20~23개

영어 공부 좀 하셨군요? 스스로 영어 좀 한다고 자부하는 당신에게 문법과 독해 정도는 만만한가요? 하지만 외국인이 말을 걸면 아직도 두렵지 않나요? 이번 기회에 확실하게 스피킹의 달인이 되세요!

16~19개

나름대로 영어 좀 한다고 생각했던 당신! 결과에 실망했다고요? 조금은 어중간한 당신의 실력! 이미 이 수준까지 올랐으니 자, 오늘부터 한 페이지씩 공부합시다!

11~15개

영어 공부 아예 안 한 것도 아니고, 했다고 자신 있게 말하기도 어려운 당신! 지금까지 뭐 했나 싶죠? 오늘부터 하루에 세 문장씩이라도 열심히 따라 읽고 외워 보세요. 자신감이 생길 거예요!

6~10개

이놈의 영어! 공부를 아예 안 한 것도 아닌데 왜 이리 헷갈리는지. 아직도 감으로 정답을 찍어야 하는 당신! 갈 길은 멀지만 당신의 출발이 늦은 건 아니랍니다. Better late than never!

5개 이하

아~ 당신에게 영어는 인생 최대의 고민거리!! 피하고만 싶었던 영어 공부, 언제나 작심삼일이었지만 또 용기를 내어 이 책을 샀잖아요? 비법 같은 건 없어요. 기초부터 차근차근 밟아 올라가는 꾸준함과 인내심이 필요할 뿐……

나를 SELL하기
나를 차별화하는 것은 무엇인가?

자기소개를 할 때는 우리가 흔히 보는 생년월일, 고향 등을 나열하며 이력서처럼 말하지 말고, 서양식
이력서인 résumé처럼 말을 해 보세요. 데이트할 때 어떤가요? 이성에게 멋진 인상을 남기려고 자기
자신을 sell하지 않나요? 일상에서 대화할 때나 영어 면접 또는 스피킹 테스트를 할 때도 마찬가지입
니다. 깊은 인상을 남기면 그만큼 상대와 소통이 더 잘되고 시험에서는 높은 점수를 받기 마련입니다.
그리고 여기에 등장하는 표현들은 가능하면 간단하게 익히세요. 어차피 가족과 친구들, 취미와 여가,
학교와 직장, 여행에 관한 더 세부적인 것들은 다른 Part에서 만나게 되니까요.

Part I

자기소개

About Me

Tell me a little about yourself.

간단히 자신에 대해 소개해 주세요.

신상 정보
Data

제 이름은 김영재입니다.

 My name is Mr. Young Jae Kim.

My name is Young Jae Kim.

보기에는 크게 문제없어 보입니다. 적어도 Mr.를 붙이면 남자라는 게 확실하니까요. 하지만 Mr., Mrs., Miss, Ms. 같은 명칭으로 자기소개를 하는 건 마치 한국에서 자신의 이름에 '님'을 붙이는 것과 같은 경우예요. 의사(doctor), 박사(doctor), 교수(professor) 같은 명칭도 마찬가지고요. 한국에서도 "저는 홍길동 박사입니다"라고 하면 좀 거만하다는 느낌이 들지 않나요? 그래서 뒤에 자신이 하는 일을 언급하는 것이 더 자연스럽습니다.

이름

My name is [first name] [last name].
제 이름은 [이름][성] 입니다.

Young Jae	Kim
영재	김

I'm [first name] [last name].
저는 [이름][성] 입니다.

Young Jae	Kim
영재	김

first name을 '성'으로 혼동하는 경우가 있는데, 홍길동이라는 이름에서 '홍'이 last name이고 first name이 '길동'입니다. 때로는 first name을 given name이라고 부르며, last name은 family name 또는 surname이라고도 합니다.

Young Jae	Kim
이름	성
fist name	last name
given name	surname

This is **Young Jae Kim.**
저는 김영재입니다.

흔하지는 않지만 아직도 가끔씩 나오는 오류 중 This is...가 있습니다. 이건 전화로 누가 자기를 찾을 때 "제가 ~입니다"라고 하거나 어떤 사람을 다른 사람에게 소개할 때만 쓰는 말입니다. 따라서 I'm Young Jae Kim이라고 말하는 것이 맞습니다.

나이

I'm [number] years old.

전 [숫자]살입니다.

thirty-two
32

I just turned [number].

[숫자]살이 된 지 얼마 안 되었습니다.

twenty
20

I'm a teenager.

전 청소년입니다.

I'm in my early/mid-/late [-ties].

전 [~대] 초반/ 중반/ 후반입니다.

twenties
20대

thirties
30대

forties
40대

fifties
50대

sixties
60대

seventies
70대

Step Up

I'm twenty-five.

전 스물다섯이에요.

나이를 말할 때 가장 간단하고 세련된 방법은 ...years old를 생략하고 〈I'm+숫자〉만 말하면 됩니다.

😊 미혼일 때

I'm still single.

아직 미혼입니다.

I'm not married.

결혼을 안 했습니다.

✚ 기혼에 대한 expressions는 Part 2 Family & Friends를 참조하세요.

😊 어른이지만 가족과 같이 살 때

I still live with my parents.

아직 부모님과 삽니다.

I haven't moved out of my parents' home yet.

아직 부모님 집에서 독립하지 않았습니다.

In Korea, kids normally live with their parents until they get married.

한국에서는 보통 자식들이 결혼하기 전까지는 부모님과 함께 삽니다.

 사는 곳

I live in Seoul/[city].

서울/[도시]에서 삽니다.

Incheon
인천

I live on the outskirts of Seoul.

서울 변두리에 삽니다.

I live in a town called [town].

[소도시]라고 하는 소도시에 삽니다.

Cheongwon
청원

 현재 신분

I'm currently a high school/college/graduate student.

현재 고등학생/ 대학생/ 대학원생입니다.

I currently work for a [business area] company.

현재[사업 분야]회사에서 일을 하고 있습니다.

manufacturing
제조

I'm a(n) [profession].

[전문 직업]입니다.

scientist
과학자

✚ 학교와 직업에 대한 expressions는 Part 5 School & Work를 참조하세요.

I guess I'm [adjective].

저는 [형용사]한 것 같습니다.

I think I'm [adjective].

저는 [형용사]라고 생각합니다.

I consider myself [adjective].

저는 자신을 [형용사]라고 여깁니다.

위의 세 문장은 아래로 내려갈수록 더 확신에 차있습니다.

friendly
상냥한

shy
수줍음을 많이 타는

outgoing
외향적

Step Up

People tell me I'm easy-going.

사람들은 제가 느긋하다고 합니다.

본인의 성격, 때론 외모에 대한 타인의 의견을 더하면 신빙성이 있을 뿐만 아니라 그 의견에 대한 반론까지 나온다면 대화의 시간도 길어지고 보다 흥미로운 대화를 할 수 있는 기회도 생기겠죠?

✚ 성격에 대한 expressions는 Part 2 Family & Friends를 참조하세요.

참고로 외모에 대한 표현은 여기서 생략합니다. 어차피 원어민과 직접 마주보고 대화할 때는 자신의 얼굴을 상대방이 볼 수 있고, 전화 나 컴퓨터상으로 시험을 보는 것이라면 하고자 하는 말과 관련되지 않은 이상 자신의 외모에 대한 언급은 중요하지 않으니까요. 외모 관 련 설명과 표현은 Part II에서 다룹니다.

어린 시절
My Childhood

어렸을 때 저는 행복했어요.

When I was childhood**, I was happy.**

When I was a child**, I was happy.**

흔히 자신의 어린 시절에 관한 질문을 예상 못했을 때 위와 같은 문장이 입에서 나옵니다. 정정 방법은 두 가지가 있습니다. 하나는 childhood(유년 시절)를 a child(어린이)로 바꾸는 방법, 다른 하나는 When I was를 In my(나의 ~에)로 바꾸는 겁니다.

I had a happy childhood.

행복한 유년 시절을 보냈습니다.

I don't really remember my childhood.

유년 시절이 별로 기억나지 않습니다.

My childhood wasn't all that great.

유년 시절은 그렇게 좋지만은 않았습니다.

 어릴 적 성격/ 성향

I was pretty wild.

저는 상당히 제멋대로였습니다.

I was quiet and shy.

저는 조용하고 수줍음을 탔습니다.

I was fairly popular.

저는 꽤 인기가 많았습니다.

I was lazy.

저는 게으른 사람이었습니다.

Apparently, I used to cry a lot.

듣자 하니 많이 울었대요.

I was a good kid.

저는 착한 아이였습니다.

I was real chubby/skinny.

아주 통통/ 홀쭉했습니다.

I was tall/short for my age.

제 나이에 비해 키가 컸/ 작았습니다.

My family moved around a lot.

저희 가족은 이사를 많이 다녔습니다.

We used to live in [country] for a while.

우리는 [나라]에서 잠시 살았습니다.

Peru
페루

My father was rarely home.

아버지는 거의 집에 계시지 않으셨습니다.

Both my parents worked.

부모님 두 분 다 일하셨습니다.

My grandparents took care of us.

조부모님께서 저희를 돌보셨습니다.

 Step Up

I really gave my parents a hard time.

저는 부모님을 정말 고생시켰어요.

누구에게 hard time을 주면 '괴롭히다, 힘들게 하다'라는 의미로 말썽꾸러
기였다는 얘기입니다.

My childhood dream was to become a(n) [occupation].

doctor
의사

어린 시절 꿈은 [직업]이 되는 것이었습니다.

I wanted to be like my father/mother.

아버지/ 어머니를 닮고 싶었습니다.

For a while, I wanted to be a(n) [occupation].

teacher
선생님

한동안 [직업]이 되고 싶었습니다.

✚ 고향에 대한 expressions는 Part 4 Home & Neighborhood를 참조하세요.

특성

Unique Qualities

제 장점은 인내심이에요.

 My merit is my patience.

My strength is my patience.

글쎄요, 자신의 장점을 merit이라고 하기엔 다소 어색한 부분이 많습니다. merit은 '가치'에 더 가까운데 사람에 대해 장점을 말하지, 가치를 따지지는 않잖아요? 게다가 자기 자신의 가치를 스스로 말하는 건 좀 불편한 일이지 않을까요? 그래서 사람들은 보통 '장점'을 얘기할 때, My strength is my patience라고 하는데 장점이 하나일 수는 없으니 one of my strengths로 다시 수정을 해야겠네요. 다음 장의 예문들은 자신의 장점을 말할 때 유용하게 쓸 수 있습니다.

자신의 장점

I think my biggest strength is my [strength].

제 생각에 저의 가장 큰 장점은 [장점]입니다.

optimism
긍정적인 사고

장점 strengths

편견 없는 사고	open-mindedness	창의력	creativity
신뢰성	dependability	성공을 향한 추진력	drive to succeed
활기	energy	열정	enthusiasm
지식에 대한 갈구	hunger for knowledge	정직함	honesty
성실함	integrity	독창력	initiative
긍정적인 사고	optimism	인내심	patience
전문 직업의식	professionalism	지략	resourcefulness
충성심	loyalty	배우려는 의지	willingness to learn

I don't give up easily.

저는 쉽게 포기하지 않습니다.

I get along with everyone.

저는 누구와도 잘 지냅니다.

 Step Up

I don't dwell on the past.

저는 과거를 되씹지 않습니다.

dwell은 '거주하다'라는 의미의 격식 있는 단어이나 과거(past)에서 빠져 나오지 못하고 되씹고 있다는 말로도 쓰입니다. I don't...가 들어갔으니 과거가 아닌 현재와 미래를 위해 살고 있다는 멋진 표현입니다.

What I really enjoy doing is [pastime].

제가 정말 즐기는 것은[취미]입니다.

taking photos
사진 찍는 것

When I'm not in school/at work, you can find me at [location].

제가 학교/ 회사에 없을 때, 저를[장소]에서 볼 수 있습니다.

a café
카페

I think I was meant to be a(n) [occupation].

제 생각에는 저는[직업]이 되었어야 했습니다.

scientist
과학자

For me, [thing/concept] is the most important thing in life.

제게는[물건/ 개념]이 인생에서 가장 중요합니다.

happiness
행복

I'm still trying to figure out what's important in my life.

저는 아직도 제 인생에서 무엇이 가장 중요한지를 찾고 있습니다.

✚ 취미와 관심, 여가 활동에 대한 expressions는 Part 3 Hobbies, Interests & Free Time Activities를 참조하세요.

A True Story

MBA and Me

종종 미국 경영대학원(business school) 입학을 꿈꾸는 직장인들의 에세이를 보게 됩니다. 대부분 명문대 출신으로 재직 중인 회사에서도 인정받는 사람들입니다. 그런데 전 그들에게 학벌이나 회사내 위치보다 더욱 중요한 공통점이 있다는 걸 느꼈습니다. 그들의 에세이를 보면 자신의 경험과 업적이 미흡하다고 생각한다는 사실입니다. 경쟁자들과 비교할 때 인생을 제대로 살아보지 못한 기분이라고 털어놓지만, 이건 사실이 아닙니다. 영문 에세이를 쓰든, 다국적 기업에서 인터뷰를 하든, 중요한 건 자신만의 특성과 이야기를 간결하고 효율적으로 전달하는 것입니다. 자기가 보기엔 별로 큰 의미 없을 것 같은 에피소드가 타인에게는 흥미로울 수 있습니다. 가끔 TV를 보며 유명하지도, 특별하지도 않은 사람들과 공감하는 경우가 많잖아요? 모든 사람은 세상에서 유일한 존재입니다. business school에서 원하는 건 절대 판에 박은 듯한 그룹이 아닙니다. 그들이 원하는 건 다양성(diversity)이지요.

04 희망
Dreams

부자가 되고 싶어요.

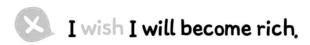

❌ **I wish I will become rich.**

⊙ **I hope to become rich.**

'바라다'를 학교에서 배운 대로 wish로 바꿔 생겨나는 오류입니다. wish 는 보통 현실적이지 않은 것을 바랄 때를 말하는 겁니다. 그러니까 I wish I could fly(날 수 있다면 좋겠다), I wish I was smarter(더 똑똑했으면 좋겠 다)과 같은 말을 할 때 말입니다. 어떤 일이 잘되기를 바랄 때는 I hope...유형 을 사용하는 것이 일반적입니다.

I hope to become rich one day.
언젠가 부자가 되고 싶습니다.

My dream is to be a(n) [occupation].
[직업]이 되는 것이 제 꿈입니다.

dentist
치과의사

I'm studying to become a(n) [occupation].
[직업]이 되기 위해 공부하고 있습니다.

engineer
엔지니어

What I would really like to do is [activity].
정말 하고 싶은 것은 [활동]입니다.

travel around the
world
세계 일주를 하는 것

I want to work in a large corporation.
대기업에서 일하고 싶습니다.

I've always wanted to try [activity].
항상 [활동]을 해보고 싶었습니다.

hang gliding
행글라이딩

I'm trying to get a [license/certificate].
[면허증/ 자격증]을 취득하려고 노력 중입니다.

driver's license
운전면허증

이야기하기
내 가족이나 친구와 관련된 재미있는 것이 뭐가 있을까?

주위 사람들에 대해 말할 때 그들에 대한 감정과 관계에 중점을 두세요. "멋진 사람이지요"(He's a great guy)라든가, "죽이 잘 맞아요"(We get along great) 등으로 주관적(subjective)인 관점에서 얘기를 하는 거지요. 아마 더 역동적인 인상을 남기는 스토리를 말할 수 있을 겁니다. 그 사람에 대한 객관적인 사실만 나열하지 말고 그가 나에게 어떤 영향을 끼치는가에 초점을 맞추는 거지요. 몇 개의 예문을 아래에 정리해 봤습니다.

I spend time with her.
그녀와 시간을 보냅니다.

▶ I love spending time with her.
그녀와 시간을 보내는 것이 너무 좋습니다.

He teaches me a lot of things.
그는 제게 많은 것을 가르쳐 줍니다.

▶ I respect him. He's like a mentor to me.
그를 존경합니다. 그는 저에게 멘토나 다름없지요.

We know each other well.
서로에 대해 잘 알아요.

▶ He's like a brother to me.
그는 저에게 마치 친형제 같습니다.

Part II

가족과 친구

Family & Friends

Tell me about your family.

가족에 대해 말씀해 주세요.

Tell me about a friend of yours.

친구 중 한 명에 대해 말씀해 주세요.

01 미혼
Single

가족 인원수

저희 가족은 네 명이에요.

 **My family is four.**

There are four of us.

"저희(우리) 가족은 넷입니다"를 직역한 문장이라고 생각하면 문법상 대충 맞는 것 같기도 하겠지요. 하지만 여기서 is를 순전히 '~입니다'라고 생각해 **My father is a doctor**(저의 아버지는 의사입니다)라고 할 때와 동일하다고 보면 안 됩니다.

We are a family of [number].

우리는 [숫자]명의 가족입니다.

three
3

I come from a big family.

저희 집은 대가족입니다.

There are four members in my family.

제 가족은 4명의 구성원이 있습니다.

한국인들은 흔히 가족 구성원을 member라고 하는데, 여기서는 people이 더 적절합니다. 물론 인터뷰나 말하기 시험에서는 family members라는 용어로 가족에 대해 물어볼 수는 있지만 일상생활에서는 member라는 단어를 사용하지 않습니다. member는 마치 특정 단체 소속(club member)이나 회사 내 팀 구성원(team member)처럼 들리기 때문에 다소 격식을 갖춘 듯 무겁고 어색하기 때문이지요.

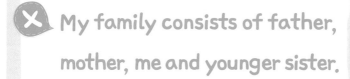

저희 가족은 아빠, 엄마, 저, 여동생으로 구성되어 있어요.

✗ My family consists of father, mother, me and younger sister.

◎ There are four of us: my father, my mother, my younger sister and myself.

우선 consist of는 에세이나 논문에 쓴 듯 딱딱하게 느껴지고, 사람이 아닌 물건을 나열한 듯 들립니다. 솔직히 한국말로 자기 가족을 소개할 때도 다른 식으로 하지 않나요? 그리고 father, mother, younger sister에는 my를 붙이는 것이 맞습니다. dad와 mom을 쓰는 경우 my를 생략할 수도 있지만 이 단어들은 너무 가볍게 느껴집니다. 영어에서 me는 보통 자신을 포함한 나열에서 맨 마지막에 언급합니다. 여기서 me를 myself로 바꾸면 더욱 세련되게 들리지요. 사실 일상생활에서 서구인들이 가족에 대해 물어볼 때는 가족 인원수에는 별로 관심을 보이지 않는 편입니다. 일단 형제자매가 몇 명인가를 알면 부모는 자동적으로 포함이 되니까 인원수는 벌써 나온 거지요. 더군다나 부모가 이혼을 했거나 한 분이 돌아가셨을 수도 있기 때문에 부모에 대한 질문을 꺼리는 경향이 있습니다. 특히 결혼하지 않은 사람에게 가족에 대해 질문할 때는 대부분 형제자매에 대해 알고 싶어서이고, 흔히 Do you have any brothers or sisters?라고 많이 묻습니다.

I'm an only child.

저는 외동입니다.

I'm the only boy/girl in my family.

저는 외아들/ 외동딸입니다.

I have just one brother/sister.

남자 형제/ 여자 형제 1명뿐입니다.

I have [number] brother(s) and [number] sister(s).

a	two
1	2

남자 형제 [숫자]명과 여자 형제 [숫자]명이 있습니다.

I have an older brother/sister.

형[오빠]/ 누나[언니]가 1명 있습니다.

I have a younger brother/sister.

남/ 여동생이 1명 있습니다.

I have [number] older brother(s)/sister(s) and [number] younger brother(s)/sister(s).

one	one
1	1

형[오빠]/ 누나[언니] [숫자]명과 남/ 여동생이 [숫자]명 있습니다.

I have a twin brother/sister.

쌍둥이 남자/ 여자 형제가 1명 있습니다.

I have two siblings(제게는 형제자매 2명이 있습니다)라고 할 수도 있지만 어차피 구체적으로 형제자매에 대해 이야기를 하게 되니 사실상 불필요한 말입니다.

He is only a year older than me.

그는 저보다 딱 1살 많습니다.

I'm [number] year(s) older than her.

저는 그녀보다 [숫자]살 많습니다.

two
2

I'm [number] year(s) younger than him.

저는 그보다 [숫자]살 적습니다.

a
1

 Step Up

We're only a year apart.

우린 1살 차이밖에 안 나요.

남자 형제나 여자 형제가 자신보다 나이가 많은지 적은지 말한뒤 나이 차이가 별로 안 난다고 말하고 싶을 때 사용합니다.

✚ 형제자매의 직업에 대한 expressions는 가족의 직업을 참조하세요.

He is married.

그는 결혼했습니다.

She has [number] child/children.

그녀는 자녀가 [숫자]명 있습니다.

My older sister is old miss.

저희 누나는 노처녀예요.

위의 문장에서 우선 관사인 an이 빠지기도 했지만, 문제는 '올드미스 (old miss)'라는 용어인데요. 영어에는 없는 표현입니다. 사실 old maid 라는 말이 있긴 합니다만 현대 사회에서, 특히 말하기 시험이나 인터뷰 같은 형태에서는 성차별적인 요소가 있어 절대 삼가야 합니다. 아직 미혼이라고만 하는 것이 좋겠네요.

출생순서

COOL   her

저는 장남입니다.

I'm the first son.

I'm the oldest son.

first son이라는 용어는 꼭 역사극이나 성경, 또는 판타지영화에 나오는 귀족의 맏아들을 연상시킵니다. 물론 전혀 사용하지 않는 것은 아닙니다. 예를 들어 조지 W. 부시 전 미국 대통령의 어느 한 전기의 제목이 *First Son*이었으니까요. 하지만 first son은 다소 격식적이고 시적인 표현입니다. 현대 사회에서는 oldest son이 맞습니다. 그럼 장녀는 oldest daughter가 되겠지요?

I'm the oldest.

제가 첫째[맏이]입니다.

I'm the oldest son/daughter.

저는 장남/ 장녀입니다.

I'm the second oldest.

제가 둘째입니다.

I'm the middle child of three.

저는 3명 중 둘째입니다.

I'm the youngest.

저는 막내입니다.

I'm the youngest son/daughter.

제가 막내아들/ 딸입니다.

부모

어머니께서는 전업주부이십니다.

 My mother is a housekeeper.

○ **My mother is a** housewife.

housekeeper는 가정부이고, housewife가 가정주부이지요. 아마 housekeeper라고 한 것은 직역으로 '집을 지키는 사람,' 즉, '집사람'에서 유래된 것 같습니다. homemaker이라는 단어도 사용하지만 '집에 머물러 있는 어머니'라고 번역되는 stay-at-home mom이 가장 세련된 표현입니다. 요새 미국에서는 육아와 살림에 몰두하는 아버지가 늘어나면서 stay-at-home dad(집에 있는 아빠)라는 신조어도 생겼답니다.

☺ 어머니가 주부일 때

My mother is a housewife/homemaker.
어머니는 가정주부입니다.

She doesn't work.
어머니는 일을 안 하십니다.

She's a stay-at-home mom.

저희 어머니께서는 전업주부이십니다.

 어머니/ 아버지가 은퇴했을 경우

My father/mother is retired.

저희 아버지/ 어머니는 은퇴하셨습니다.

My father/mother used to run his/her own business.

저희 아버지/ 어머니는 예전에 개인 사업을 운영하셨습니다.

My father/mother used to work for [company name].

the bank
은행

저희 아버지/ 어머니는 예전에 [회사명]에서 일하셨습니다.

My father was retired.

아버지는 은퇴하셨습니다.

위의 문장은 '아버지가 은퇴당하셨습니다'라고 들립니다. 마치 아버지가 경주마[racehorse]같이 강제 은퇴당한 느낌이지요. 아니면 예전에는 은퇴했다가 현재는 다른 일을 다시 한다는 뉘앙스가 될 수도 있고요. 은퇴를 했으면 My father is retired가 맞습니다. 은퇴한 시기를 언급하려면 My father retired에 연도 또는 last year(작년), a few years ago(몇 년 전) 등을 붙이면 됩니다.

➕ 부모의 직업에 대한 expressions는 가족의 직업을 참조하세요.

Housekeeper and Technology

얼마 전 한 대기업 공채 때 있었던 일입니다. 총 6명의 지원자들이 나란히 앉아서 질문을 받고 있었습니다. 그중 한 명이 Tell me about your family라는 질문을 받고서는 끙끙 앓는 얼굴로 침묵에 빠져 있더니 별안간 고개를 들어 My mother is housekeeper and my father is technology!라고 외쳤습니다. '제 어머니는 가정부이며 아버지는 과학 기술입니다'라는 뜻이지요. 그러나 웃지도 못하고 당황하고 있는 저를 포함한 우리 면접관들은 알고 있었습니다. 그분이 "저희 어머니는 주부이며 아버지는 기술자이십니다!"라고 말하려 했던 것을 말이죠. 저는 얼굴이 빨개진 그분을 보며, My mother is a housewife and my father is a technician이라고 말했다면 좋았겠다는 생각을 했습니다.

cool 🖤 her

제 동생은 학생입니다.

❌ **My brother is** student.

◎ **My brother is** a student.

영어를 배울 때 가장 어려운 부분 중 하나는 아마 관사일 테고, 그것까지 생각하고 싶지도 않을 수 있지요. 하지만 이 세상에서 하나뿐인 사물이 아닌 이상 부정 관사를 앞에 붙이는 것이 거의 일반적입니다. 그래서 "제 동생은 학생입니다"라고 할 때는 부정 관사인 a를 앞에 꼭 넣어서 My little brother is a student라고 해야 합니다.

😊 부모나 형제자매의 직업을 언급할 때

He is a(n) [occupation].
그는 [직업]입니다.

She works for [company name].
그녀는 [회사명]에서 일합니다.

He works for the government.
그는 공무원입니다.

freelancer
프리랜서

Seohyeon
Corporation
서현 주식회사

She works for a(n) [type of company] company[1].

그녀는 [회사 종류] 회사에서 일합니다.

He is a [position] at a(n) [type of company] company[1].

그는 [회사 종류] 회사 [직책] 입니다.

She owns a(n) [type of business].

그녀는 [회사 종류]을 소유하고 있습니다.

✚ [1] 회계(accounting), 법무(law), 엔지니어링(engineering), 건축(construction) 및 컨설팅 (consulting) 등 제조업이 아닌 회사는 흔히 company 대신 firm이라 합니다.

✚ 개인 사업장의 종류는 Part 4 Home & Neighborhood의 동네 그림을 참조하세요.

insurance
보험

manager
부장
import-export
무역

souvenir shop
기념품 판매소

☺ 형제자매가 학생일 때

She is still in high school/college/graduate school.

그녀는 아직 고등학교/ 대학교/ 대학원에 다닙니다.

She is attending…(그녀는 ~에 다니다)이라는 표현도 있습니다만,

불필요할 뿐만 아니라 다소 격식을 갖춘 느낌이 듭니다.

☺ 형제자매가 현재 직업이 없을 때

She is currently looking for a job.

그녀는 현재 일자리를 찾고 있습니다.

He is serving his mandatory military service.

그는 병역의 의무를 이행하고 있습니다.

Step Up | # She's job hunting.

그녀는 일자리를 찾고 있어요.

한국에서 '헌팅'은 길거리에서 남자들이 여자들을 꼬신다는 뜻인데, girl hunting같은 용어는 성차별적인 발언[sexist remark]으로 인식될 수 있으니 삼가는 게 좋습니다. 영어에서 hunting이 들어가는 단어는 job hunting과 apartment hunting(월세 아파트 찾기) 등이 있습니다.

애인이 있어요.

요즘에는 다행히도 한국인들이 애인에 대해 언급할 때 lover라는 단어를 많이 사용하지는 않습니다. 물론 문학 작품에서 lover라는 단어를 낭만적으로 사용할 수 있겠지만, 일상생활에서 lover는 성적 파트너나 불륜 상대라는 전혀 다른 뜻을 지니고 있습니다. boyfriend 나 girlfriend, 또는 경우에 따라 fiancé나 fiancée를 사용하세요.

I don't have a boyfriend/girlfriend right now.

현재 남자 친구/ 여자 친구가 없습니다.

I'm not seeing anyone at the moment.

현재 사귀는 사람이 없습니다.

I broke up with my last boyfriend/girlfriend a few months/years ago.

남자 친구/ 여자 친구와 몇 달/ 년 전에 헤어졌습니다.

I want to make **a girlfriend.**

여자 친구를 만들고 싶습니다.

영어로 make a friend(친구를 만들다)라고는 합니다. 그렇다면 논리적으로 boyfriend(남자 친구)나 girlfriend(여자 친구)도 make할 수 있다고 생각할 수 있겠지요. 어떤 한영사전에서는 마치 괜찮은 것처럼 언급했던데, make a boyfriend/girlfriend라는 구는 상당히 어색합니다. 대신 find나 get이라는 단어를 쓰는 게 자연스럽습니다.

😊 애인이 있을 때

I have a boyfriend/girlfriend.

남자 친구/ 여자 친구가 있습니다.

We've been dating for a few months/years.

우리는 몇 달/ 년간 사귀고 있습니다.

We've been talking about marriage lately.

요새 우리는 결혼에 대해 얘기하고 있습니다.

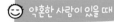 **약혼한 사람이 있을 때**

I have a fiancé/fiancée.

약혼자/ 약혼녀가 있습니다.

We are engaged.

우리는 약혼했습니다.

We are planning to get married this/next/in a few year(s).

우리는 올해/ 내년/ 몇 년 안에 결혼할 예정입니다.

We haven't set a date yet.

아직 날짜를 잡지 않았습니다.

 Step Up

We're planning to tie the knot next year.

우리는 내년에 결혼할 예정이에요.

tie the knot(매듭을 짓다)의 유래에 대한 논쟁이 있지만 대체로 결혼할 때 신랑, 신부가 같은 몸으로 묶인다는 의견으로 일치되는 편입니다.

I will marry in December.

12월에 결혼해요.

marry(결혼하다)라는 단어를 그냥 동사로 사용한다고 해서 결혼을 한다는 말이 되지 않습니다. get married는 미혼에서 기혼으로 바뀜을 의미합니다. get 없이 married는 기혼 상태인 경우 사용하고요.

기혼

Married

배우자

작년에 결혼했어요.

 I married **last year.**

I got married **last year.**

앞 페이지에서 본 것처럼 I got married last year가 정확합니다.

미혼 상태: get married 사용	기혼 상태: marry 사용
I am planning to get married. 결혼할 예정입니다.	I am married. 기혼입니다
I got married last year. 작년에 결혼했습니다.	I've been married for two years. 결혼한 지 2년 됐습니다.
They are getting married. 그들은 결혼합니다.	I married her last year. 그녀와 작년에 결혼했습니다.

I'm married.

기혼입니다.

I got married [number] years ago.

two
2

[숫자]년 전에 결혼했습니다.

We're still newlyweds.

우린 아직 신혼부부입니다.

My husband/wife and I have been married for [number] years.

five
5

저와 남편/ 아내는 결혼한 지 [숫자]년 되었습니다.

 Step Up **I've been happily married for ten years.**

만족스러운 결혼 생활을 10년간 해오고 있어요.

이 문장을 쓰면 "현재 기혼이다", "몇 년째 결혼 생활을 한다" 등이 한 문장
으로 간결하게 표현이 되지요.

My husband/wife passed away [number] years ago.

four
4

남편/ 아내는 [숫자]년 전에 세상을 떠났습니다.

My husband/wife and I have separated.

저와 남편은/ 아내는 별거 중입니다.

I'm a divorcé/divorcee.

이혼남 / 이혼녀입니다.

We are no longer together.

우리는 더 이상 함께 하지 않습니다.

이혼은 민감한 이야기라 We are no longer together, 이 말 한마디면 사실 더

이상의 언급이 필요치 않습니다.

 Step Up

I have an ex-wife.

저에게는 전 부인이 있어요.

전 부인은 ex-wife이고, 전 여자 친구는 ex-girlfriend, 전 남자 친구는
ex-boyfriend입니다. 영화나 미드에서 전 배우자나 애인을 그냥 my ex
라고 하는 걸 보셨겠지만 ex는 친구와의 대화가 아니라면 사용하기에는
너무 캐주얼합니다.

그녀를 미팅으로 만났어요.

I met her at a meeting.

I met her on a blind date.

원어민들은 meeting을 어떤 사적인 '만남'보다는 '회의'로 인식합니다. 그래서 배우자를 meeting에서 만났다고 하면 비즈니스를 하다가 눈이 마주치게 되어 마침내 결혼으로 이어졌구나 하고 오해할 수 있습니다. 소개팅은 blind date이니, 여기서 가장 적절한 표현은 group blind date이겠지요. 하지만 이 표현은 영어로 보편화된 blind date에다가 group을 붙인 것으로, 영어권 사람들에게는 아직까지는 다소 생소하게 느껴질 겁니다.

😊 만나게 된 경로

We met on a blind date.
우리는 소개팅으로 만났습니다.

We met at/in [place].
우리는 [장소]에서 만났습니다.

college
대학교

I met her while I was in [geographical location].

제가[지리적 위치]에 있을 때 그녀를 만났습니다.

Daejeon
대전

A mutual friend introduced us.

서로 아는 친구가 소개시켜 주었습니다.

북미와 마찬가지로 한국에서도 배우자를 회사에서 만나게 되는 경우가 많지요. 이런 경우에는 We met at work라고 합니다. 교회에서 만나게 되었으면 We met at church라고 하면 되고요. 고등학교나 대학교에서 만났다면 We met in high school/ college입니다. 물론 나이트클럽에서 만났다면 We met at a dance club이라고 하겠지요?

 오래 전부터 알고 지내던 사이일 경우

I had known her for a long time.

그녀를 오래 알고 지냈습니다.

We grew up together.

같은 곳에서 자랐습니다.

We were childhood friends.

소꿉친구였습니다.

 Step Up

We started as friends.

우린 친구로 시작했어요.

친구로 시작해 이성적인 관계로 발전하게 되었다는 의미가 담겨 있습니다.

배우자의 특징

cooL ♥ her

제 아내는 요리를 잘해요.

❌ **My wife is a good** cooker.

◉ **My wife is a good** cook.

cook은 동사로 '요리하다'이므로 요리를 하는 사람을 자동적으로 cooker로 직역한 것으로 보입니다. 하지만 cooker는 '요리 기구'이니 cook을 명사로 써서 My wife is a good cook이라고 하세요.

😊 배우자의 능력 및 특기

She is a good [noun].
그녀는 솜씨 좋은 [명사]입니다.

driver
운전자

He is good with [thing].
그는 [무엇] 재주가 좋습니다.

his hands
손

She is very [adjective].
그녀는 매우 [형용사]합니다.

smart
똑똑한

마지막 문장 패턴에 들어가는 형용사는 능력에 관한 것이지만 성격 관련 형용사도 넣을 수 있습니다. 예를 들어 He is very understanding 이라고 하면 "그는 이해심이 뛰어나다"가 됩니다.

Step Up

He can cook.
그는 요리를 잘합니다.

그가 요리를 할 능력이 된다는 뜻이 아니라 요리를 잘한다는 겁니다. can cook 중간에 really까지 넣어서 He can really cook이라고 하면 정말 요리를 잘하는 거지요.

✚ 가족의 외모 및 성격에 대한 expressions는 5. Looks, Personality & Relationships를 참조 하세요.

Yoga and Collecting Trees

한 문단을 영어로 말하는 것이 참 어렵게 느껴질 수 있습니다. 하지만 아는 단어와 간단한 문장으로 storytelling(이야기하기)을 하면 상대방의 흥미를 유발시킬 뿐만 아니라 의사 전달이 잘 되어 점수 도 올릴 수 있습니다. 한번은 어느 대기업 차장님과 말하기 시험 연습을 하게 되어 아내에 대해 물어 봤습니다. 그는 바로 고개를 절레절레 흔들며 자기 아내는 요가와 나무를 너무 좋아하는 사람이라 고 했습니다. 거의 매일 요가 옷차림을 한 동네 아줌마들과 함께 거실에서 TV를 틀어 놓고 요가를 하고 있어서 자기는 집에만 가면 어색한 신세가 된다고 했습니다. 그리고 동네 아줌마들을 동원해 산에 자주 올라가 나무를 가져와서 집 주변은 화분에 든 나무로 완전히 둘러싸여 있다고 하더군요. 저와 이 말을 같이 듣던 다른 학생들이 어찌나 웃었는지 모릅니다. 실제 시험에서도 가족에 대한 질문 이 나왔고 그 차장님은 상중급자 점수를 받았습니다.

We both work.

우린 둘 다 직업이 있습니다.

I/He/She stay(s) home to take care of our kid(s).

저/ 그/ 그녀는 아이(들)를 돌보기 위해 집에 있습니다.

She is on maternity leave from work.

그녀는 출산 휴가 중입니다.

She has now quit her job.

그녀는 현재 일을 그만두었습니다.

✚ 배우자의 직업에 대한 expressions는 가족의 직업을 참조하세요.

My wife grows our children.

제 아내가 애들을 키웁니다.

일단 수의 일치(subject-verb agreement)는 이루어졌으나, 동사 grow는 적절하지 않습니다. 식물이나 회사는 grow (키우다)라고 할 수 있지만, 아이들이나 애완동물은 raise (키우다)라고 합니다.

집안일

He does the [type of housework].

그가 [집안일 종류]를 합니다.

cleaning
청소

집안일 종류 type of housework

청소	cleaning	빨래	laundry
설거지	dishes	진공청소기 돌리기	vacuuming
개 산책시키기	walk the dog	개 목욕시키기	wash the dog

We share the housework.

우리는 집안일을 나눠서 합니다.

She helps with the housework.

그녀는 집안일을 도와줍니다.

He takes care of the [pet type].

그가 [애완동물 종류]를 기릅니다.

dogs
개

housework 말고도 household chores나 domestic chores라는 표현

도 있습니다.

자녀

COOL

her

자녀가 두 명 있어요.

❌ I have two childrens.

◎ I have two children.

이미 다들 잘 알고 있겠지만 자식 한 명은 a child이고 복수형은 children입니다. 여기서 -s는 안 붙습니다. 불규칙 명사(irregular noun) 때문에 생긴 문제이지요. 의외로 스피킹에서는 children에다 -s를 넣는 분이 많습니다. 영어권 사람들도 이 희한한 불규칙 복수형에 시달립니다. 물론 children, feet이나 teeth같이 일상생활에서 자주 쓰는 명사는 혼동하지는 않지만, 예를 들어 criterion(평가 기준)복수형은 criteria잖아요? criteria를 단수형으로 알고 있는 원어민들도 있어요.

😊 자녀들을 언급할 때

I have one son/daughter.
저에게는 아들/ 딸 한 명 있습니다.

I have [number] children: [number] son(s) and
[number] daughter(s).
저에게는 자녀가 [숫자]명 있는데 아들 [숫자]명과 딸 [숫자]명입니다.

three	two	one
3	2	1

Step Up ## I got two kids: a boy and a girl.

저에게는 애가 두 명 있는데 아들과 딸입니다.

got은 have의 구어체적인 단어이며, kids는 children을 비격식적으로 말하는 겁니다. 자식들이 고등학교에 입학하면 사실상 boy나 girl로 부르기는 좀 어색하니 어린 아이들이 있을 때만 쓰면 됩니다.

 자녀가 없을 때

We don't have any children yet.

우린 아직 아이가 없습니다.

I am/She is expecting a baby in [month].

August
8

저는/ 그녀는 [달]월에 출산 예정입니다.

 자녀의 학년

He is still in preschool/kindergarten.

아들은 아직 유아원/ 유치원을 다닙니다.

He/She is in [ordinal number] grade.

third
3

아들/ 딸은 [숫자]학년입니다.

He/She is in [school type].

junior high
중학교

아들/ 딸은 [학교 종류]를 다닙니다.

한국 학생들은 학교를 진학할 때마다 1학년부터 다시 시작하는 반면, 북미에서는 초등학교부터 고등학교를 통째로 묶어서 학년을 1에서 12까지로 봅니다. 그러다 보니 재미있게도 중학교 1학년은 북미에서는 7학년이 되고, 고등학교 3학년은 12학년이 되지요. 영어로 학년을 〈grade+숫자〉로 표현할 때도 있지만, 〈서수[ordinal number]+grade〉로 말하는 것이 일반적입니다.

Step Up

My son is a freshman in high school.

제 아들은 고등학교 신입생입니다.

9th grade는 고등학교 신입생[freshman]으로 따집니다. 대학교 신입생 역시 freshman입니다. 그 후 sophomore과 junior를 거친 졸업반은 senior이지요.

 자녀의 성적

He gets good grades in school.

그는 학교에서 좋은 성적을 받습니다.

She gets straight As.

그녀는 전 과목 A학점을 받습니다.

He does poorly in school.

그는 공부를 잘 못합니다.

She studies hard.

그녀는 공부를 열심히 합니다.

 혼자 자녀를 키울 때

I'm a single parent.

저는 편부/ 편모입니다.

a single parent는 홀로 자녀를 양육하는 사람이니 추가로 배우자와 별거 중이거나 이혼, 사별 등을 했다는 말을 따로 할 필요가 없지요.

 Step Up

She does well in school.

딸은 학교에서 공부를 잘합니다.

She does well in…에 math(수학), history(역사)나 art(미술)같은 특정 과목을 붙이면 그 과목을 잘한다는 뜻이 됩니다. 참고로 school 대신 class(반)를 써도 무난합니다.

My son studies well.

제 아들은 공부를 잘합니다.

'공부를 열심히 한다'는 의미로 study hard라고 말할 수 있지만, 무작정 동사인 study에 부사인 well을 붙인다고 해서 '공부를 잘한다'는 뜻이 되지는 않습니다. 이건 콩글리시의 출발점이 되는 단어 그대로 직역을 한 경우지요. 좋은 학점을 받는다는 뜻이라면 My son gets good grades라고 하세요. 그리고 여기서 짚고 넘어 갈 것은 공부를 열심히 한다고 해서 점수가 잘 나온다는 말은 아니라는 겁니다. 결과를 주시하는 경향이 있는 영어권 사고방식에서는 공부를 하려는 노력 자체에 초점을 맞추려는 의도가 아닌 이상 study hard는 중요하지 않고 get good grades가 핵심이 되지요.

😊 자녀의 취미와 좋아하는 활동

He is good at [activity].

그는 [활동]을 잘합니다.

sports
운동

She likes [verb + ing].

그녀는 [동사하기]를 좋아합니다.

drawing
그림 그리기

He spends a lot of time [verb + ing].

그는 [동사하는 데] 시간을 많이 보냅니다.

watching TV
TV 보기

겨울에 스키 타는 데 시간을 많이 보낸다면 In the winter, he spends a lot of time skiing이라고 하면 되겠죠?

✦ 취미나 여가 활동에 대한 expressions는 Part 3 Hobbies, Interests & Free Time Activities를 참조하세요.

친척

Other Relatives

삼촌은 저희와 함께 살아요.

 My paternal uncle **lives with us.**

My uncle **lives with us.** He's my father's younger brother.

한국에서는 아버지 쪽과 어머니 쪽으로 친척을 구분하는데 영어권 사람과 얘기할 때 우리는 paternal(부계의)과 maternal(모계의)이라는 단어를 쓰는 경우가 있습니다. 문제는 이 두 단어가 너무 학문적이며 격식을 차린 느낌이 강하다는 겁니다. 이런 문제의 해결 방법 중 하나는 영어식 친척 명칭을 언급한 뒤 아버지나 어머니와의 관계를 언급하는 겁니다. 친삼촌인 경우 uncle이라고 말한 뒤 my father's brother(아버지의 남자 형제)라고 하고, 외삼촌은 my mother's brother(어머니의 남자 형제)라고 하면 됩니다.

My [relative] is staying with us for a while.

제 [친척]은 우리와 얼마간 같이 지냅니다.

niece
여자 조카

My grandmother/grandfather came to live with us after my grandfather/grandmother passed away.

할머니/ 할아버지는 할아버지/ 할머니께서 돌아가신 뒤 우리와 같이 살게 되셨습니다.

My husband/wife and I live with my/his/her parents.

저와 제 남편/ 아내는 저희/ 그/ 그녀의 부모와 같이 살고 있습니다.

I spend a lot of time with my [relative].

저는 제 [친척]과 시간을 많이 보냅니다.

cousin
사촌

We don't spend much time together.

우린 같이 시간을 별로 보내지 않습니다.

My [relative] helps me out with [activity].

제 [친척]은 저의 [활동]을 도와줍니다.

aunt 이모/고모
my homework
숙제
basketball
농구

We do/play [activity] together.

우리는 [활동]을 함께 합니다.

 Step Up

He's my uncle on my father's side.

그는 친삼촌입니다.

'친-'은 on my father's side이고 '외-'는 on my mother's side인 셈이지요. 조부모부터 조카들까지 모두 이런 식으로 표현하면 됩니다.

✚ 본인과의 관계에 대한 expressions는 5. Looks, Personality & Relationships를 참조하세요.

04 친구
Friends

저는 친구들과 노는 것이 좋아요.

 I like to play **with my friends.**

I like to hang out **with my friends.**

보통 중학교 정도까지는 친구들과 play(놀다)할 수 있습니다만, 고등학교 부터는 친구들과 논다기 보다는 사실상 시간을 함께 보내잖아요? 한국적 사고방식을 잘 모르는 영어권 사람들에게 I played with my friends라고 하면 눈썹이 금방 올라갑니다. 놀이터에서 뛰어노는 게 아니라면 hang out이나 spend time이라고 하세요.

I have a lot of friends.

전 친구들이 많습니다.

My friends and I get together all the time.

저와 제 친구들은 항상 모입니다.

I spent most of my free time with my friends.

여가 시간의 대부분을 친구들과 보냅니다.

I'm closer to my friends than my family.

저는 가족보다 친구들과 더 친합니다.

😊 친구들이 많지 않을 때

I don't have many friends.

전 친구들이 많지 않아요.

I only have a few close friends.

전 친한 친구들 몇 명만 있습니다.

여기서 중요한 것은 friend와 '친구'는 어쩌면 문화상 완벽하게 동일한 뜻의 단어가 아닐 수 있다는 것입니다. 거의 비슷한 뜻을 지니고 있지만, 전반적으로 영어권에서 누구에게 friend라는 명칭을 붙이는 건 비교적 너무 쉽고 간단합니다. 직책, 나이 차이나 알고 지낸 시간은 별로 중요하지 않아요. 선배, 잘 아는 사람, 그냥 아는 동생, 테니스를 같이 치는 옆집 아저씨 등이 모두 영어권에서는 friend가 될 수 있으니까요.

알고 지낸 기간

We've been friends for a long time.

우린 오랫동안 친구로 지냈습니다.

We've known each other since we were kids.

우린 어린 시절부터 알고 지냈습니다.

We became friends in [school type].

우린 [학교 종류]에서 친구가 되었습니다.

high school
고등학교

He's/She's a friend from school/work.

그/그녀는 회사/학교 친구입니다.

Step Up **We go way back.**

우린 죽마고우입니다.

우리 사이는 아주 먼 옛날까지 거슬러 올라간다는 뜻입니다. 더 이상 친할
수 없을 정도로 친한 사이인 겁니다.

참고로 친구가 세상에서 한 명만 있는 것이 아닌 이상 a friend of
mine(친구 중 한 명)이나 my best friend(가장 친한 친구)를 사용해
야 합니다.

05 외모 및 성격, 관계

Looks, Personality & Relationships

외모

그는 키가 큽니다.

 His height is tall.

 He **is tall.**

"그의 키가 큽니다"를 단어별로 잘라서 직역을 해보겠습니다. '그의'는 his이고, '키'는 height, '크다'는 is tall이겠지요. 하지만 영어로는 He's tall입니다. 키뿐만 아니라 "그의 몸집이 크다"도 His body is big으로 직역하는 경우가 적지 않지만 실제로는 그냥 He's big입니다. 또 "그것의 길이가 길다"는 Its length is long이 아니라 It's long이라고 해야 합니다.

He is tall/short.

그는 (키가) 큽니다 / 작습니다.

She is big/small.

그녀는 (덩치가) 큽니다 / 작습니다.

She is some fat.

그녀는 조금 살이 쪘습니다.

살이 쪘다면 fat 대신 overweight을 쓰고, 말랐다면 skinny 대신 thin을 쓸 것을 권합니다. 그리고 한국이나 영어권 모두 신체에 대해 좋지 않은 언급을 할 때는 형용사 앞에 '조금'을 쓰는데, some은 안 됩니다. a little이나 a bit 또는 kind of를 함께 쓰는 게 옳습니다.

몸매

She is a little overweight.

그녀는 조금 살이 쪘습니다.

She is kind of thin.

그녀는 조금 말랐습니다.

He is slim.

그는 날씬합니다.

She is well-built.

그녀는 체격이 좋습니다.

He is very athletic-looking.

그는 운동선수같이 생겼습니다.

She is glamour.

그녀는 글래머다.

여자 몸매와 관련된 말은 성적인 표현으로 인식될 가능성이 많습니다. 그러다 보니 우리 사회에서도 마찬가지이겠지만 영어 면접이나 말하기 시험에서도 금물입니다. 게다가 glamour는 어차피 명사입니다. 형용사인 glamorous를 써야 문법적으로 맞습니다. 그런데 아쉽게도 glamorous마저 레이싱 걸 같은 몸매를 뜻하진 않지요. glamorous는 여배우들의 매력적이고 멋진 생활을 말하는 겁니다. 흔히 말하는 글래머 몸매를 표현하는 가장 적합한 단어들은 voluptuous나 curvaceous 등입니다.

😊 헤어스타일

He has short/long hair.

그는 머리가 짧습니다/ 깁니다.

She dyes her hair [color].

그녀는 머리를 [색]으로 염색합니다.

blond
금발

He's kind of bald.

그는 약간 대머리입니다.

She has a long hair.

그녀의 머리는 깁니다.

위의 문장에서 부정관사 a를 붙이면 "그녀는 긴 머리카락 딱 하나만 있다"가 됩니다. 사실상 대머리인 셈이지요. 관사가 없어야 우리가 생각하는 '긴 머리'가 되므로 She has long hair라고 해야 합니다.

 외모를 칭찬할 때

She's pretty.

그녀는 예쁩니다.

He's handsome.

그는 잘생겼습니다.

She is attractive.

그녀는 매력적입니다.

Step Up **She turns heads everywhere she goes.**

그녀는 가는 곳마다 눈길을 끕니다.

가는 곳마다 사람들을 뒤돌아보게 하니 보통 아름다운 외모를 가진 것이 아니겠지요. 문맥에 따라 그냥 She turns heads라고 해도 됩니다.

He has a good appearance.

그는 외모가 출중하다.

사전에서는 '외모'를 우선적으로 appearance라고 하더군요. 맞긴 합니다만 일반 대화에서는 looks가 더 자연스럽고, 위의 형태로는 사람의 외모를 의미하진 않습니다. He has good looks라고 할 때도 있지만 일반적으로 He's good looking이나 He's handsome이라고 하는 것이 좋지요. 그리고 한국에서는 남자가 다른 남자의 멋진 외모에 대해 언급하는 것을 별로 꺼리지 않지만 듣는 원어민은 말하는 사람의 성적 성향을 오해할 수도 있습니다.

😊 아이들을 귀엽다고 할 때

He is really cute.

그는 아주 귀엽습니다.

She is adorable.

그녀는 사랑스럽습니다.

My daughter is cutie.

제 딸은 귀엽습니다.

자기 자식을 귀여워하지 않는 부모가 없다는 것을 저도 경험상 잘 압니다. 그런데 한결같이 cutie를 사용하는 것은 이 단어가 이미 너무 콩글리시화 되었다는 뜻이지요. 원어민도 그렇게 빈번하게 쓴다면 모르지만 현실은 그렇지 않습니다. 여기서는 cutie보다는 cute가 낫고, adorable(사랑스러운)이 더 좋습니다. 그리고 아예 자식을 처음 언급할 때 I have an adorable daughter(저에게는 사랑스러운 딸이 있습니다)로 하면 그만큼 더 자연스러워집니다.

☺ **외모를 자신과 비교할 때**

He is a lot better looking than I am.
그는 저보다 훨씬 잘생겼습니다.

She was always more popular with the boys.
그녀는 항상 남자들에게 더 인기 있었지요.

People say we look like brothers/sisters.
사람들은 우리가 형제/ 자매같이 생겼답니다.

☺ **가족과 비교할 때**

People think we're twins.
사람들은 우리가 쌍둥이인 줄 알아요.

People can't tell us apart.
사람들은 우리를 구별 못합니다.

We don't look anything alike.
우린 외모가 닮은 점이 하나도 없습니다.

I look just like my mother/father.
전 어머니/ 아버지를 빼닮았습니다.

성격

그녀는 성격이 좋아요.

 She has good character.

⊙ **She has** a good personality.

우리가 흔히 말하는 성격은 character가 아니라 personality입니다. personality는 눈에 직접 보이는 말과 행동을 뜻합니다. 반면 character는 전반적으로 조금 더 의미가 깊은, 그 사람의 인성, 성품을 얘기하지요. 신뢰성과 정직성, 그런 심오한 측면을 나타냅니다. 그가 good character를 지니고 있다고 하면 제대로 된 인간이라는 뜻이겠지요. 성품을 판단하는 것이 아니라면 She has a good personality(그녀는 성격이 좋습니다) 또는 She's a nice person (그녀는 사람이 좋습니다)이라고 하세요.

 성격

He is [adjective].
그는[형용사]합니다.

She is a [noun].
그녀는[명사]입니다.

considerate
사려가 깊은

perfectionist
완벽주의자

He has a [personality].

그는 [성격]이 있습니다.

bad temper
성마른 성질

사람 성격에 대한 표현은 대부분 이 3개의 문장 패턴으로 가능합니다.

 Step Up **She's got a big heart.**

그녀는 마음이 너그럽다.

마음이 넓으면 다른 사람들을 포용하고 친절을 베풀 수 있겠지요.

She is kind.

그녀는 착합니다.

cutie가 어린 자식의 어여쁜 외모를 뜻하는 단골 단어라면, kind 는 주변 사람들, 특히 어머니의 성격에 대해 자주 등장하는 단어 입니다. 엄밀히 말하면 콩글리시가 아니라고 할 수 있을지 모르지 만, kind는 2명중 1.5명꼴로 나오는 단어일 뿐만 아니라 너무 상투 적이고 특별한 뜻도 없습니다. 마치 어느 승합차와 부딪친 작은 승 용차를 화면에 보여주며 "깡통처럼 찌그러져 형태를 못 알아볼 정도입니다"라는 TV 뉴스에서 나오는 상습 멘트 같은 거지요. kind 대신 understanding(이해심 있는), patient(인내심 있는)나 generous(너그러운) 등을 써 보세요.

성격 (He/She is a ~*)

완벽주의자	perfectionist	일 중독자(일 벌레)	workaholic
낙천주의자	optimist	비관주의자	pessimist
대인 관계가 좋은 사람	people person	말을 아끼는 사람	private person

성격 (He/She is ~*)

근면한	hardworking	게으른	lazy
느긋한	easy-going	초조해하는, 긴장한	uptight
상냥한	friendly	비우호적인	unfriendly
어른스러운	mature	미숙한	immature
발랄한	cheerful	침울한	moody
진지한	serious	우스꽝스러운	silly
믿을 수 있는	dependable	믿을 수 없는	unreliable
너그러운	generous/ giving	쩨쩨한	stingy
재미있는, 웃긴	funny	재미없는	boring
사교적인	outgoing	수줍음을 타는	shy
이해심이 있는	understanding	마음이 닫힌	closed-minded
사려깊은	considerate	배려심이 없는	inconsiderate
수다스러운	talkative	내성적인	reserved
예의 바른	polite	무례한	rude
친절한	nice	성질이 나쁜	mean
인내심 있는	patient	인내심 없는	impatient
침착하다	level-headed	감정적인	emotional/ sensitive

Family & Friends 73

원만한 성격

He is easy to get along with.

그는 친해지기 쉽습니다.

She's got a great personality.

그녀는 성격이 아주 좋습니다.

Everyone loves him.

다들 그를 좋아합니다.

 Step Up

He's a people person.

그는 대인 관계가 좋은 사람입니다.

다른 사람들(people)과 오로지 어울리기만 좋아하는 사람이 아닌 타인들과 일을 순조롭게 할 수 있는 사람을 가리킵니다. 회사에서 무척 좋아하는 자질이지요.

 비사교적인 성격

He doesn't get along with people.

그는 사람들과 잘 어울리지 못합니다.

She has a hard time making friends.

그녀는 친구 사귀기 어려워합니다.

 Step Up

She turns people off.

그녀는 사람들을 기분 나쁘게 만들어요.

데이트를 할 때 한쪽이 마치 전등을 꺼버리는 것처럼 다른 쪽에게 흥미를 잃게 만들어도 turn off인데, 여기서는 전반적으로 가는 곳마다 사람들의 기분을 건드리는 거지요. 그리고 off가 있으면 on이 있기 마련인데, 조심하세요. turn people on이라고 하면 곤란합니다. 그건 성적인 흥분을 자극시킨다는 뜻이니까요.

We are a lot alike in many ways.

우리는 여러 가지 면에서 비슷한 점이 많습니다.

We're both [adjective].

우린 둘 다 [형용사]하다.

talkative
수다스러운

We're nothing alike.

우린 성격이 닮은 데가 없어요.

We have different interests.

우린 관심사가 다릅니다.

A True Story

Holic

-holic은 무엇의 중독자입니다. 좋지 않은 말이지요. 보통 영어권에서는 alcoholic(알콜 중독자), workaholic(일 중독자), sexaholic(섹스 중독자), shopaholic(쇼핑 중독자) 등 -holic으로 분류 되는 사람들은 중독 치료 대상자들입니다. 그런데 웬일인지 한국에서는 -holic을 귀여운 단어 정도 로 여기는 사람들이 생각보다 많습니다. 몇 년 전에 한 광고 회사로부터 의뢰가 들어온 적이 있습니다. 자신들이 쓴 영어로 된 광고 헤드라인 초안을 검토해달라고요. 외국으로 나갈 어느 한 대기업의 광고 였습니다. 일하는 남성들과 사랑을 찾는 여성들 모두 이 제품을 즐길 수 있다는 광고였습니다. 남자를 workaholic으로 묘사했고 여자를 loveaholic으로 묘사했습니다. 하지만 북미의 아무 거리에 나가서 아무 남자나 붙들고 물어봐도 workaholic이라고 불리기 원하는 사람은 단 한 명도 없을 겁니다. 그렇 다면 loveaholic은요? 사랑만 쫓아 이 남자 저 남자를 상대하는 헤픈 여자 같은 뉘앙스가 풍기지요. 결국은 광고는 완전히 원점으로 돌아갈 수밖에 없었습니다.

I'm a lot like my mother/father in many ways.

전 여러 면에서 어머니/ 아버지와 많이 닮았습니다.

I take after my mother/father.

저는 제 어머니/ 아버지를 많이 닮았습니다.

이미 많은 학생들이 take after...가 '누구를 닮았다'는 뜻이라는 걸 알고 있습니다. 그런데 이 용어는 '얼굴이 닮았다'라는 의미뿐만 아니라 '성격이 닮았다'는 말도 됩니다. 실제로 북미에서는 Who do you take after, your mother or your father(어머니, 아버지 중 누구를 더 닮았나요?)라고 질문하면 우선 성격에 대한 것입니다. 꼭 100% 그런 건 아니지만 안전하게 답변을 하고 싶으면 외모와 성격을 확실히 구분하는 것이 좋지요. 얼굴이 어머니와 닮았다면 I take after my mother in looks이고 성격이 아버지와 닮았다면 I take after my father in personality라고 하면 됩니다.

✚ 취향에 대한 expressions는 Part 3 Hobbies, Interests & Free Time Activities를 참조하세요.

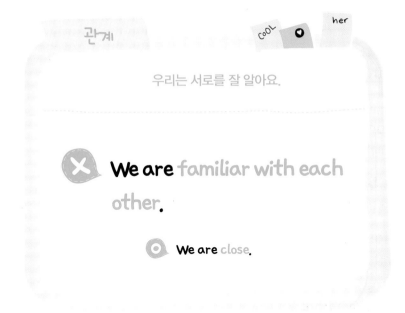

우리는 서로를 잘 알아요.

❌ **We are** familiar with each other.

◉ **We are** close.

사전상 familiar는 무엇이 '친숙하다'라는 뜻입니다. 길을 가다 들려오는 음악에 같이 있던 친구가 Do you know this song?(이 노래 알아?)라고 물을 때 세 가지 정도 반응이 있을 수 있지요. 먼저, 좋아하는 노래라면, Yeah, I love this song(응, 이 노래 정말 좋아해)이라고 할 수 있고, 아니면 간단히 No라 합니다. 들어본 노래지만 아주 잘아는 게 아니라면 The song sounds familiar(노래가 귀에 익숙해)이라고 답변을 하겠지요. 그러니 We are familiar with each other는 서로 익숙할 정도라는 느낌밖에 주지 않습니다. very(매우)를 넣는다 해도 '서로 친하다'라는 뉘앙스는 전달이 되지 않아요. 물론 정치나 사회적인 이슈 또는 과목이나 특정 분야의 절차 등에 familiar with라고 하면 '정통하다'가 됩니다. 하지만 사람에 대해 familiar는 정통한 것이 아닙니다. 정말 끈끈한 사이라는 뜻을 전달하는 표현들은 다음 장에서 보듯이 따로 있습니다.

He and I are close.

저와 그는 친합니다.

We get along really well.

우린 호흡이 잘 맞습니다.

We're like brothers/sisters.

우린 친형제/ 친자매 같습니다.

We're a close family.

우리 가족은 가깝습니다.

 Step Up

We're a tight-knit family.

우리 가족은 가깝습니다.

마치 실로 뜬(knit) 것처럼 결속력이 있다는 뜻으로, close-knit된 공동체의 구성원들은 서로 위하고, 관심을 보이며, 여러 활동을 함께 즐기지요.

We are intimate friends.

우린 아주 친한 친구입니다.

intimate을 사전에 찾아보면 가장 먼저 나오는 것이 '친밀한, 친숙한'입니다. 하지만 위 문장의 뉘앙스는 성적인 뜻에 더 가깝습니다. We are really close friends나 차라리 We are really good friends를 사용하는 것이 훨씬 자연스러울 겁니다.

He's a good friend of mine.

그는 좋은 친구 중 한 명입니다.

She's a close friend.

그녀는 저의 친한 친구입니다.

He's one of my best friends.

그는 제 절친 중 한 명입니다.

위 문장의 친밀함 정도는 아래로 내려갈수록 더 돈독해집니다. 친밀함을 드러내지 않고 그냥 '친구'라고 하려면 He/She is a friend of mine이라고 말하면 됩니다.

😊 친하지 않은 관계

We're not very close.

우린 그다지 친하지 않습니다.

We don't really get along.

우린 서로 맞지 않아요.

😊 존경하는 사람

I respect him.

그를 존경합니다.

I admire her.

그녀를 마음으로 존경합니다.

He is my role model.

그는 저의 롤모델입니다.

respect와 admire는 둘 다 '~를 존경하다'이지만 respect는 누구의 인성과 생각에 대해 호의적인 것이고, admire는 그 사람을 좋아하는 감정이 확실히 드러납니다.

 Step Up

I really look up to her.

저는 그녀를 우러러봅니다.

look down on이 고개를 내려서 누구를 낮추어 보는 거라면 look up to 는 고개를 올려서 우러러보는 거지요. 이건 영어권과 한국의 언어 표현이 통하는 경우랍니다.

 서로 비슷할 때

We have a lot in common.

우리는 공통점이 많습니다.

We think alike.

우리는 생각이 비슷합니다.

 Step Up

We see eye to eye on a lot of things.

많은 것에 대해 우린 의견이 일치합니다.

영문 성경(Isaiah 52:8) 내용 중 They shall see eye to eye(그들의 눈이 마주 봄이로다)라고 나온 것에서 유래하지 않았을까 싶습니다. 의견이 맞지 않는 경우가 많을 때는 We don't see eye to eye on things라고 하면 되지요.

 서로 다를 때

We don't have much in common.

우리는 공통점이 별로 없습니다.

We have our differences.

우리는 서로 맞지 않는 부분이 많습니다.

I like being with him.

그와 같이 있는 게 즐겁습니다.

We have a lot of fun together.

우리는 함께 즐거운 시간을 많이 보냅니다.

 Step Up

He makes my day.

그는 저를 행복하게 해줘요.

영화 *Sudden Impact*에서 Clint Eastwood가 악당에게 총을 겨누며 Go ahead, make my day라고 해서 북미에서는 한때 유행어가 된 적이 있습니다. make my day는 "내 하루를 즐겁게 해줘"라는 뜻입니다.

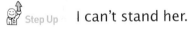

I don't like being with him.

그와 있는 게 싫어요.

I try to avoid spending time with her.

그녀와 시간 보내는 걸 피하려고 노력합니다.

 Step Up

I can't stand her.

그녀를 못 봐주겠어요.

I can't stand...는 무엇을 '참기 어렵다, 질색이다, 견디기가 어렵다'는 뜻으로 여러 상황에서 쓸 수 있는 표현입니다.

He means a lot to me.

그는 저에게 소중합니다.

I don't know what I would do without her.

그녀 없이 어떻게 견딜지 모르겠습니다.

They expect a lot from me.

그들은 저에 대한 기대가 큽니다.

I get a lot of pressure from them.

저는 그들로부터 압박을 많이 받습니다.

They let me decide things for myself.

그들은 제 일은 제가 결정하게 내버려 둡니다.

 Step Up

They're always telling me what to do.

그들은 항상 저에게 이래라저래라 합니다.

tell...what to do는 누구에게 무엇을 하라고 말하는 것인데, 여기다 always(항상)까지 붙였으니 지시하는 사람에 대해 아주 부정적인 반응을 보이는 거지요.

내가 좋아하는 활동
뭐가 그렇게 재미있어서 그걸 하는가?

어느 언어든 마찬가지입니다만, 객관적인 설명보다 주관적인 설명이 더 어려울 뿐만 아니라, 의미 자체도 더 깊어집니다. 의미가 깊다는 것은 목표 언어를 아주 유창하게 구사하는 게 아닌가요? 자기 취미, 관심사 또는 여가 활동에 대해 말할 때는 한번 "뭐가 그렇게 재미있어서 내가 이걸 하는가?"를 고려해 보세요. 그 활동을 할 때의 느낌, 감정을 생각해 보고 적합한 단어(특히 형용사)로 문장을 구성하면 더욱 더 효과적인 영어 스피킹을 할 수 있습니다.

Part III

취미와 관심, 여가 활동

Hobbies, Interests & Free Time Activities

Tell me about one of your hobbies or interests.

취미나 관심사 중 하나에 대해 말씀해 주세요.

Tell me about an activity you do in your free time.

여가 시간에 하는 활동 하나만 말씀해 주세요.

01 스포츠와 게임

Sports & Games

저는 야구 경기 관람을 즐겨요.

 I enjoy seeing **baseball** game.

 I like watching **baseball**

원어민들도 어떤 활동을 즐긴다고 표현할 때 enjoy를 쓰긴 하지만 like 또는 love 같은 단어를 보다 자주 씁니다. 특별히 틀린 것은 아니지만 한국말로도 일상 대화에서 야구 보는 걸 '좋아한다'고 하지 '즐긴다'고 말하는 경우는 별로 없잖아요. 그리고 야구 경기를 보는 것은 see가 아니고, 전반적으로 시청이나 관람은 watch를 사용합니다. see는 무엇이 보이는 것을 뜻하는 반면, watch는 관찰한다는 뉘앙스가 있습니다. 반면, 극장 영화 관람은 의외로 see를 씁니다. 그리고 game은 복수형 games로 쓰거나 아예 생략하면 더 세련된 문장이 됩니다.

I like watching pro [sport type] on TV.

TV로 프로[스포츠 종목] 시청하기를 좋아합니다.

basketball
농구

I usually watch [sport type] on TV.

보통 TV로[스포츠 종목]을 시청합니다.

soccer
축구

I try to catch all [team] games on TV.

TV로[팀]의 모든 경기를 보려고 노력합니다.

LA Lakers
LA 레이커스

여기서 catch는 무엇을 '보다'라는 뜻입니다. 그래서 catch a movie
는 '영화를 보다'입니다.

 Step Up

I never miss a game on TV.

저는 TV에서 보여 주는 경기를 놓치는 일이 없습니다.

자신에게 날아오는 공을 잡지 못하듯이 나오는 방송 역시 제시간에 보지
못하면 놓치는(miss) 겁니다.

😊 스포츠 관람

I love going to the ballpark/[sport type] stadium.

야구 경기장/[스포츠 종목] 경기장에 가는 것을 무척 좋아합니다.

baseball
야구

I go watch [team] every chance I get.

기회가 될 때마다[팀]을 보러 갑니다.

Seoul Superstars
서울 슈퍼스타스

야구 경기장은 영어로 baseball park 또는 간결하게 ballpark이라고
합니다. baseball stadium도 괜찮습니다.

I've been to the ballpark one time.
야구 경기장에 한 번 간 적이 있어요.

one time이 '한 번'이라는 뜻은 맞습니다. 하지만 더 자연스럽고 세련되게 말하려면 once를 쓰세요. 두 번은 twice이고요. 세 번째부터는 간단하게 〈숫자+times〉로 표현하면 됩니다.

☺ 관람을 좋아하는 이유

I love the atmosphere there.
그곳의 분위기를 참 좋아합니다.

It's fun cheering with the other fans.
다른 팬들과 함께 응원하는 것이 재미있습니다.

It's a great way to spend time with my friends/family.
친구들/ 식구들과 시간을 보내기에 아주 좋은 방법입니다.

☺ 선호하는 팀

[Team] is one of my favorite teams.
[팀]은 제가 가장 좋아하는 팀 중 하나입니다.

LA Dodgers
LA 다저스

My favorite team is [team].
제가 가장 좋아하는 팀은 [팀]입니다.

Manchester United
맨체스터 유나이티드

[Team] is my hometown team.
[팀]은 제 고향 팀입니다.

Seoul Superstars
서울 슈퍼스타스

뒤에 나올 Part 4에서 고향에 대해 더 구체적으로 다루겠지만, hometown을 무조건 명사인 '고향'으로만 인식하는 것은 무리입니다. 때로 hometown은 위 문장처럼 형용사로 둔갑할 때가 있는데, hometown team은 자기 고향에 연고지를 두고 있는 팀입니다. 야구를 예로 들면, 부산 사람들에게는 롯데 자이언츠가 hometown team이겠지요. 여기서 한 가지 염두에 둘 것은 hometown은 현재 자신이 살고 있는 도시를 뜻할 수도 있다는 점입니다. 꼭 부산 출신이 아니더라도 부산에 살면서 정이 들었다면 롯데 자이언츠를 hometown team이라고 생각할 수 있겠죠?

 좋아하는 선수

My favorite player is [player].

가장 좋아하는 선수는 [선수]입니다.

Jisung Park
박지성

I like most of the players in the team, but [player] is my favorite.

팀에 있는 대부분의 선수들을 좋아하지만 [선수]가 가장 좋습니다.

Wayne Rooney
웨인 루니

 Step Up ### Jisung Park has to be my favorite player.

박지성은 제가 가장 좋아하는 선수일 수밖에 없지요.

has to be는 누구나 무엇이 '~될 수밖에 없다'라는 뜻으로 너무도 확실해 달리 생각할 여지가 없다는 뉘앙스를 갖습니다.

축구하는 것을 좋아해요.

I like to play the **soccer.**

I like playing **soccer.**

스포츠 명칭 앞에는 정관사 the가 붙지 않으나 baseball, basketball, volleyball, racket-ball과 같이 공(ball) 자체를 말할 때는 상황에 따라 정관사나 부정 관사가 앞에 놓입니다. 예를 들어, "Where's the baseball?"은 "그 야구공 어디 갔어?"일 것이고, "Do you have a baseball?"은 "야구공 있어?"입니다.

😊 좋아하는 스포츠

I prefer indoor/outdoor sports.
실내/야외 스포츠를 더 좋아합니다.

I especially like [sport type].
특히 [스포츠 종목]을 좋아합니다.

tennis
테니스

I love playing [sport type].
[스포츠 종목]을 하는 것을 무척 좋아합니다.

soccer
축구

I play [sport type] almost every [time].

거의 매[시간][스포츠 종목]을 합니다.

ping pong	day
핑퐁	일

I play [sport type] [number] days a week.

일주일에[숫자]일[스포츠 종목]을 합니다.

basketball	three
농구	3

I usually play [sport type] on the weekends.

주로 주말에[스포츠 종목]을 합니다.

golf
골프

Step Up **I try to play soccer every chance I get.**

저는 기회가 될 때마다 축구를 하려고 노력합니다.

every chance I get은 whenever I get the chance와 동일한 표현이면
서도 더 세련된 느낌이 있습니다.

Every 앞에는 at 같은 전치사가 붙지 않으니 주의하세요.

I play [sport type] with friends.

친구들과 같이[스포츠 종목]을 합니다.

racquetball	
라켓볼	

I'm in my school's [sport type] team.

학교[스포츠 종목]부 소속입니다.

soccer
축구

I'm in a [sport type] club at school/work.

학교/ 회사[스포츠 종목] 동아리에 소속되어 있습니다.

volleyball
농구

I play with people from [location].

저는[장소] 사람들과 같이 운동을 합니다.

work
회사

Part 5에도 나오지만 서클이나 동아리는 영어로 club이라고 합니다.

I/We usually play at a local court/field.

저/ 우리는 보통 근처 코트/ 필드에서 경기를 합니다.

I/We use the court/field in [location].

저/ 우리는[장소]에 있는 코트/ 필드를 사용합니다.

the apartment
complex
아파트 단지

I go to the basketball playing ground.

전 농구장에 가요.

농구, 배구, 테니스, 스쿼시, 배드민턴 같은 스포츠는 비교적 작은 공간에 풀이 아닌 딱딱한 바닥이 있는 코트[court]에서 합니다. 따라서 농구장은 basketball court가 됩니다. 야구, 축구 등은 잔디가 깔려 있는 넓은 공간인 필드[field]에서 하지요. 참고로, 탁구는 table tennis 또는 ping-pong이라고 합니다.

I started playing [sport type] in [school type].

[학교 종류] 때부터[스포츠 종목]를 하기 시작했습니다.

soccer 축구
high school
고등학교
golf
골프

I began playing [sport type] a few years ago.

몇 년 전에[스포츠 종목]를 하기 시작했습니다.

[Person] got me into it [number] years ago.

[숫자]년 전에[사람]이 절 빠지게 만들었습니다.

a friend   three
친구   3

Step Up

I took up golf last year.

작년에 골프를 시작했습니다.

어떤 스포츠나 취미를 시작한다고 할 때 take up을 써서 가벼운 구어체 문장을 구사할 수 있습니다.

☺ **스포츠를 하는 것이 좋은 이유**

It's a good way to stay healthy.

건강을 유지하는 좋은 방법입니다.

It's fun playing [sport type] with other people.

다른 사람들과 [스포츠 종목]하는 것이 재미있습니다.

badminton
배드민턴

You can make a lot of friends.

친구들을 많이 사귈 수 있습니다.

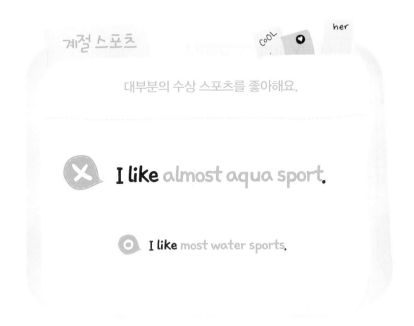

almost는 '거의'라는 뜻으로 most(대부분)와 다릅니다. '거의 모든'
은 almost all입니다. 이 문장의 의도도 아마 most나 almost all
일 것입니다. 그리고 수상 스포츠 종목을 통틀어서 말하는 거니까 복
수형으로 aqua sports가 되어야겠지요. 참고로 aqua는 라틴어적인
느낌이 너무 강합니다. 대부분의 원어민은 수상 스포츠를 water
sports로 인식한답니다.

☺ 좋아하는 스포츠를 말할 때

I like all sorts of water/winter sports.
모든 종류의 수상/ 동계 스포츠를 좋아합니다.

I especially like [sport type].
특히[스포츠 종목]을 좋아합니다.

jet skiing
제트 스키

☺ 계절에 따라 말할 때

I go [sport type] every summer/winter.
여름/ 겨울마다[스포츠 종목]을 하러 갑니다.

rafting
래프팅

In the summer, I head for the river/lake/ocean.
여름에는 강/ 호수/ 바다로 갑니다.

In the winter, I head for the ski slopes/ice rink.
겨울에는 스키장/ 아이스링크로 갑니다.

I have tried skin scuba.
스킨 스쿠버를 해 봤어요.

흔히 다이빙(diving)하면 다이빙대에서 물속으로 점프해서 들어가는 것이 연상되는데, 여기에 scuba(스쿠버)를 앞에 붙인 scuba diving이 바로 우리가 말하는 스킨 스쿠버입니다. 원어민들에게 skin scuba라고 하면, 아마 옷을 홀딱 벗고 스쿠버 탱크만 매고 바다 속을 누비는 이미지가 먼저 떠오를 겁니다.

😊 하는 이유

I love having water/snow all around me.
물/ 눈에 둘러싸여 있는 것을 정말 좋아합니다.

It's exciting to see myself getting better at [sport type].
저의 [스포츠 종목] 실력이 향상되는 걸 보는 게 신납니다.

ice skating
스케이트 타기

When I'm [sport type], I feel alive.
[스포츠 종목]을 할 때 기분이 너무 좋습니다.

water skiing
수상스키 타기

feel alive는 '살아 있음을 느끼다'로 그만큼 기분이 상쾌하고 좋다는 뜻입니다.

I play ski in the winter.
겨울에 스키를 타요.

위의 오류를 가장 간단하게 해결할 수 있는 방법은 play를 생략해 I ski in the winter로 만드는 겁니다. ski나 swim처럼 혼자서도 할 수 있는 스포츠는 그 이름을 동사로도 사용할 수 있답니다. 아니면 go -ing 유형으로 I go skiing in the winter로 바꿀 수도 있습니다. play는 두 명 이상 경쟁을 할 수 있는 스포츠(또는 게임)에만 씁니다. 참고로 요가(yoga), 에어로빅(aerobics)과 무술(martial arts)은 〈do+스포츠명〉을 사용합니다. 예를 들어 "전 태권도를 합니다"는 I do taekwondo입니다.

play~*		동사 / go ~*ing	
축구	soccer	걷기(산책)	walk
야구	baseball	러닝/조깅	run/jog
농구	basketball	수영	swim
배구	volleyball	볼링	bowl
배드민턴	badminton	스케이팅	skate
탁구	ping pong	하이킹/트레킹	hike/trek
테니스	tennis	스키	ski
포커(다른 카드 게임)	poker	스노보드	snowboard
체스	chess	낚시	fish
바둑	baduk	스노클링	snorkel

비디오 게임	video games	스킨스쿠버	scuba dive
포켓볼	pool	인라인스케이트[2]	in-line skate
골프[3]	golf	골프[3]	golf

✚ [2] 롤러블레이드(Rollberblade)는 인라인스케이트 브랜드 중 하나입니다.

　[3] 골프는 혼자서 해도 되고 다른 사람들과 경쟁할 수도 있어, 두 군데 모두 해당됩니다.

운동

건강을 위해 등산을 해요.

❌ **I go** mountain climbing for my health.

◉ **I go** hiking in the mountain to stay fit.

몇 년 전까지만 해도 제가 만나는 거의 모든 사람들이 '등산'을 mountain climbing으로 알고 있었습니다. 요새는 폭발적인 등산 인구의 증가로 mountain climbing이 '등반'이라는 것을 아는 사람들도 많아졌지요. 특수 장비와 로프를 챙겨 산을 타고 오르는 분들도 있겠지만, 일반인들이 하는 등산은 hiking (in the mountains)에 더 가깝습니다. 그럼 for my health는 틀릴까요? 꼭 그런 건 아니지만 일상 대화에서는 좀 어색합니다. 일단 원어민들보다 한국인들이 더 많이 사용하는 것을 볼 수 있습니다. 특정 음식이나 활동이 건강에 좋다거나 좋지 않다고 할 때 good for my health, bad for my health라고 할 수는 있지만, '건강을 유지하기 위해'라는 뉘앙스가 있는 예문의 의도를 감안하면 to stay healthy 또는 to stay fit이 더 적절합니다. 어떤 분들은 keep my health를 쓰는데, 이것도 한국어를 직역한 콩글리시입니다.

 등산

I love going hiking in the mountains.
등산하는 것을 매우 좋아합니다.

I take to the mountains whenever I can.
기회가 될 때마다 산을 오릅니다.

😊 조깅/ 달리기/ 걷기

I go jogging/running often.
자주 조깅을/ 달리기를 합니다.

I go for a walk often.
자주 산책을 합니다.

조깅(jogging)과 러닝(running)에서는 go -ing를 붙이지만 걷기에서는 안 됩니다. 대신 I go for a walk이나 I take a walk를 사용하지요.

😊 자전거 타기/ 인라인스케이팅

I like to go cycling/inline skating.
자전거 타기를/ 인라인스케이팅을 좋아합니다.

I go [exercise type] at a park near my home.

집 근처 공원에서 [운동 종목]을 합니다.

ruuning
달리기

There's a jogging path along the stream/pond.

하천/ 연못가에 조깅로가 있습니다.

I usually go [exercise type] early in the morning/during the lunch hour/after dinner.

주로 아침 일찍/ 점심시간에/ 저녁 식사 후 [운동 종류]를 합니다.

walking
걷기

I go once/twice/[number] times a week.

매주 한 번/ 두 번/ [숫자]번 합니다.

three
3

I try to work out regularly.

매일 운동을 하려고 노력합니다.

I go almost every day.

거의 매일 합니다.

I only get time to [exercise type] on the weekends.

제가 [운동 종류]를 할 수 있는 시간은 주말밖에 없습니다.

lift weights
역기 운동

 Step Up

I go mountain biking on my days off.

쉬는 날에 산악자전거를 탑니다.

on my days off는 '내가 일에서 쉬는 날에'로 모든 휴일을 통틀어서 말하는 표현으로 when I'm not working(내가 일을 안 할 때)보다 절묘하고 세련된 뉘앙스를 풍깁니다.

운동하는 이유

It's very relaxing.
마음이 편안해집니다.

It's exhilarating.
기분이 유쾌해집니다.

It refreshes me.
상쾌해집니다.

I took up [exercise type] to lose weight.
살을 빼려고 [운동 종류]를 시작했습니다.

jogging
조깅

I'm trying to stay in shape.
몸매를 유지하려고 노력합니다.

stay in shape 또는 keep in shape는 '몸매를 유지하다'라는 뜻입니다. stay fit과 keep fit이라는 말도 있지요. 반대로 out of shape는 '몸매가 망가지다'가 됩니다.

Step Up

Jogging recharges my batteries.
조깅은 저를 재충전시켜 줍니다.

한국말로도 휴식하는 걸 재충전한다고 하잖아요. 영어로도 마찬가지입니다. recharge myself(내 자신을 재충전하다)도 있지만 recharge my batteries(내 배터리를 재충전하다)를 더 자주 씁니다.

I want to lose my weight.

살을 빼고 싶어요.

위 문장의 의도를 원어민이 눈치채지 못하는 건 아닙니다만, 듣기에 아주 어색하답니다. my를 붙이는 바람에 "내 몸무게 전체를 빼야 돼"처럼 들리니까요. my 대신 '조금'이라는 뜻으로 some 또는 a little을 넣거나 아예 생략하는 것이 좋습니다. 더 세련된 문장으로 표현하고 싶다면 I want to drop a few pounds라고 해보세요.

😊 같이 운동하는 사람

[Person] usually/often/sometimes joins me.

[사람]이 보통/ 자주/ 가끔 저와 함께 합니다.

I usually/often/sometimes go [exercise type] with [person].

저는 보통/ 자주/ 가끔 [사람]과 함께 [운동 종류]를 합니다.

I'm part of a [sport type] club.

저는 [운동 종류] 동호회 회원입니다.

my wife
아내

running
달리기
a neighbor
이웃 한 명

cycling
자전거 타기

I exercise **at a** health.

저는 헬스에서 운동해요.

'헬스'는 헬스클럽(health club)이라는 용어에서 나온 콩글리시입니다. 위의 예문은 원어민에게 "저는 건강에서 운동을 합니다"라고 들립니다. health club보다는 원어민들이 자주 사용하는 gym이나 fitness center가 더 적절합니다. 그리고 exercise보다는 work out이 더 세련된 표현입니다. 좀 더 표현을 다듬으면 I work out at a gym이 된답니다.

✚ 주변 장소에 대한 expressions는 Part 4 Home & Neighborhood를 참조하세요.

😊 헬스

I have a membership at a gym near home/ work.

저는 집/ 회사 근처에 있는 헬스클럽 회원입니다.

I do weights at the gym.

저는 헬스클럽에서 웨이트 트레이닝을 합니다.

I walk the treadmill at the gym.

저는 헬스클럽에서 러닝머신을 이용합니다.

I use the running machine.

저는 러닝머신을 사용해요.

러닝머신은 running(달리는)과 machine(기계)이 결합해 나온 용어로 자연스러워 보이지만, 이것 역시 콩글리시이며 treadmill이 맞습니다.

😊 요가/ 에어로빅

I do yoga/aerobics at the local fitness center/ home.

근처 헬스클럽/ 집에서 요가/ 에어로빅을 합니다.

I do aerobic.

저는 에어로빅을 해요.

흔히 빠른 음악에 맞추어 하는 운동인 '에어로빅'은 aerobics입니다. s가 없으면 '유산소의'라는 의미의 형용사입니다. 물론 aerobic 다음에 exercise나 activity를 붙이면 맞는 표현이 될 수도 있습니다.

I've been [exercise type] **for** [number] **years now.**

[스포츠 종목]을 [숫자]년 동안 해왔습니다.

I started [exercise type] **in** [year].

[스포츠 종목]을 [연도]년부터 시작했습니다.

jogging 조깅	three 3
walking 걷기	2010

포켓(주머니)에 공을 집어넣는 경기인 만큼 '포켓볼'이 맞을 것 같지만, 원어민들에게는 전반적으로 pool로 통합니다. 수영장만 pool이 아니라 예전에 경마 도박장(poolroom)에 모여 내기를 할 때 공동으로 돈을 모으는 행위를 pool이라고 했습니다. 이런 도박장에 당구대가 설치된 경우가 많았고 여기서 pool이 유래되었습니다.

포켓볼(당구)/ 볼링

I shoot pool with [person(s)] at a local pool hall.

근처 당구장에서 [사람]과 포켓볼을 칩니다.

my friends
친구들

I go bowling with [person(s)] at a local bowling alley.

근처 볼링장에서 [사람]과 볼링을 합니다.

my father
아버지

play pool이라는 말도 흔하지만, 보통 shoot pool이라고 합니다. 그리고 pool hall 대신 billiard hall이라는 용어도 사용합니다. 북미에도 한국처럼 당구장이 있지만, 할리우드 영화에 자주 등장하는 것 같이 북미인들은 친구들과 어울려 맥주를 마시며 내기로 바(bar)안에 설치된 당구대(pool table)에서 pool을 즐기는 경우가 많습니다. 당구 용어는 한국과 같다고 보면 됩니다. 당구를 치는 분들은 잘 아시겠지만 큐(cue), 또는 cue stick으로 큐볼(cue ball)을 쳐서 다른 공들을 6개의 포켓(pocket)안에 넣지요. 볼링의 경우, 흥미롭게도 실제 게임은 여럿이 함께 하지만 play를 쓰지 않고 go bowling으로 표현합니다.

보드게임

I play board games with family at home.

집에서 가족들과 보드게임을 합니다.

I play board games with [person(s)] at board game cafés.

보드게임 카페에서 [사람]과 보드게임을 합니다.

co-workers
직장 동료들

보드게임은 물론 영어로도 board game입니다. 한국에서는 보드게임 마니아들이 주로 친구들과 보드게임 카페에서 노는 반면, 영어권에서는 흔히 집집마다 Monopoly, Clue나 Scrabble 같은 보드게임을 가지고 있으며, 어릴 때부터 친구들이나 가족들과 자주 합니다. 원어민에게 보드게임 카페를 언급한다면 생소할 테니 그것부터 설명을 하는 것이 좋겠지요.

 보드게임 카페

In Korea, there are specialized cafés that offer board games.

한국에서는 보드게임을 할 수 있는 전문 카페들이 있습니다.

😊 **카드게임/ 바둑/ 장기**

My family likes to play [game].

우리 가족은 [게임]하는 것을 좋아합니다.

We play [game] every [a day of the week] at [location].

우리는 매주 [요일] [장소]에서 [게임]을 합니다.

poker	포커
card games	카드게임
Wednesday	수요일
my place	집

😊 **온라인 게임/ 비디오 게임**

I like playing online games at home.

집에서 온라인 게임하는 것을 좋아합니다.

I recently bought a video game.

최근에 비디오 게임을 구입했습니다.

I play [video game console] after school/work.

수업/ 일을 마친 뒤 [비디오 게임기]를 합니다.

Ybox	와이박스

I play [video game console] on the weekends/ almost every night.

주말마다/ 거의 매일 밤 [비디오 게임기]를 합니다.

PQ5	PQ5

I'm really hooked on the game.
저는 그 게임에 푹 빠졌습니다.

be[get] hooked on은 '중독되었다'라는 부정적인 뜻이기도 하지만, TV 드라마, 책, 스포츠나 게임 등에 '푹 빠졌다'라는 뉘앙스로 사용합니다.

물론 북미에서도 온라인 게임을 즐기긴 합니다. 거의 집집마다 TV에 연결되어 있는 비디오 게임기가 대세지요. 특정 비디오 게임기를 언급하지 않고 그냥 video game console이라고 할 수도 있지만 특정 브랜드의 게임기를 지목해 말하는 것도 좋습니다. 게임기 요소의 영어 명칭은 조이스틱(joystick)과 게임CD(game CD)와 같이 우리가 쓰는 말과 동일하다고 봐야 합니다. 비디오 게임을 잘 모르는 사람은 MMORPG나 FPS같은 용어가 생소할 테니 그런 용어는 삼가는 것이 좋습니다. 롤플레잉(role playing)과 슈팅(shooting) 게임처럼 쉬운 용어는 괜찮지만요.

I play online game at a PC room.
저는 PC방에서 온라인 게임을 해요.

원어민들은 PC room이 무엇인지 모릅니다. PC는 '개인용 컴퓨터'이고, room은 '방'이니 마치 PC 한 대가 설치되어 있는 방을 연상하겠죠? 영어로 Internet café가 가장 가까운 용어입니다. 그리고 PC방에서 특정 게임만 집중적으로 한다 해도, 게임 이름을 명시하지 않는 한 복수형인 games를 쓰는 것이 맞습니다.

I go to a local Internet café to play online games.

온라인 게임을 하러 근처 PC방에 갑니다.

I occasionally/often go to a video arcade.

가끔씩/ 자주 오락실에 갑니다.

My friends and I like going to electric game room.

저와 제 친구들은 전자오락실에 가는 걸 좋아해요.

전자오락실을 직역한 electric game room이라는 용어는 영어에 없습니다. 흔히 video arcade라고 하지요.

It's a great way to kill time/relieve stress/ spend time with friends.

시간 때우기/ 스트레스 해소하기/ 친구들과 시간 보내기에 아주 좋은 방법입니다.

I love competing.

저는 경쟁하는 걸 아주 좋아합니다.

I like the fact that it's a thinking game.

머리를 쓰는 게임이라는 점이 좋습니다.

I like the fact that은 '~라는 점이 좋다'로 다양한 상황에서 쓸 수 있는 유용한 표현입니다.

02

야영과 낚시

Camping & Fishing

낚시하는 걸 아주 좋아해요.

I very like go fish.

I really like to go fishing.

Go fish는 카드 게임입니다. '낚시하다'는 go fishing입니다. 어떤 분들은 I like to go fish도 괜찮지 않냐고 합니다만, 뒤에 on the weekends 같은 특정 시간을 붙여야 어색하지 않습니다. 그리고 very like는 '아주 좋아한다'가 아닙니다. 중간에 much를 삽입해 very much like를 쓴다 해도 I would가 들어가지 않는 이상 이것도 어색합니다. 전반적으로 '아주'라고 강조하고 싶을 때는 very 대신 really를 쓰세요.

낚시

I go fishing on the weekends/my days off.

주말/ 휴일에 낚시를 갑니다.

I like going fishing alone.

혼자 낚시하는 걸 좋아합니다.

I usually take [person(s)] fishing on [date].

보통[날짜]에[사람]을 데리고 낚시를 갑니다.

my son	Sunday
아들	일요일마[

 Step Up

I go fishing all year around.

저는 일 년 내내 낚시를 갑니다.

계절 변화에 상관없이 하는 것들은 일 년 내내(all year around) 할 수 있는 활동이잖아요. 낚시, 조깅, 등산 같은 운동이나 취미가 이에 포함됩니다.

 캠핑

[Person(s)] and I like to go camping in the woods/by the water.

저와[사람]은 숲 속/ 물 옆에서 캠핑하기를 좋아합니다.

my brother
남자형제

We try to go on a camping trip every summer.

우리는 매년 여름마다 캠핑을 가려고 노력합니다.

 하는 이유

I just love being in nature.

그냥 자연에 있는 것을 좋아합니다.

I love the fresh air.

신선한 공기가 좋습니다.

It's peaceful being out there.

거기 있는 것이 평화롭습니다.

 Step Up

It's nice to be away from the hustle and bustle of the city.

도시의 혼잡함에서 떨어져 있는 것이 좋습니다.

hustle and bustle은 '혼잡, 정신 없음' 또는 '야단법석' 등으로 다소 어지럽고 복잡한 곳이나 상황을 일컫지요. 문장이 좀 길게 느껴질 수도 있으니, 원한다면 더 간단하게 It's nice to be away from the city(도시에서 떨어져 있는 것이 좋습니다)라고 할 수도 있습니다.

03 술집과 클럽

Bars & Clubs

저는 술을 잘 마셔요.

❌ **I can drink well.**

⭕ **I can hold my liquor.**

동사에 well을 더하면 무엇을 '제대로' 또는 '잘' 한다는 뜻이 됩니다. 스키를 잘 타면 ski well, 글을 잘 쓰면 write well, 말을 잘하면 speak well이 되겠지요. 어떤 능력의 정도를 말하는 것입니다. 그러나 누가 아무리 술을 잘 마신다 해도 스키, 글쓰기나 말주변과 달리, 술 마시는 것을 능력으로 볼 수는 없습니다. I am a strong drinker라고 말하는 분들도 있는데, 이 또한 "저는 술이 셉니다"라는 의미로 콩글리시입니다. 많은 양의 술을 끄떡없이 마실 수 있다는 표현을 꼭 하고 싶을 때는 I can hold my liquor라고 하면 됩니다.

😊 술을 자주 마실 때

I have to go to a lot of social get-togethers.

저는 많은 사교 모임에 가야 합니다.

[Frequency] or [frequency] a week, my co-workers/friends and I go out for dinner and drinks.

once	twice
1번	2번

일주일에 [빈도] 혹은 [빈도]씩 회사 동료들/ 친구들과 식사하고 술을 마십니다.

I wind up drinking nearly every night.

거의 매일 밤 술을 마십니다.

영어권에서는 친한친구들 사이가아니면 누구 앞에서, 특히 회사같은 곳에서 주량을 자랑하지 않는 편입니다. 술을 잘 마시면 아마 지나치게 마실 거라는 부정적인 시선이 있을 수 있으니까요. 대부분 술을 많이 마시는 사람에게는 heavy drinker라는 좋지 않은 꼬리표가 붙여집니다.

I am weak to drink.

저는 술에 약해요.

뜻밖에도 위의 표현은 "저는 술을 마시기에는 힘이 없네요"로 들립니다. 아마 단어 하나하나를 직역해서 옮긴 결과겠지요. I have a low tolerance for alcohol(저는 주류에 내성이 적습니다)이라고 하기에는 일상 대화에서 다소 격식을 차린 것 같으니 다음과 같은 구어체 표현을 쓰세요.

I can't really drink.
술을 잘 못해요.

I don't really like drinking.
술 마시는 걸 별로 좋아하지 않습니다.

Two glasses is my limit.
두 잔이 제 주량입니다.

Step Up

I'm not much of a drinker.
전 술을 별로 안 해요.

not much of a...는 어떤 것을 잘 하지 못하거나 하기 싫어한다는 뜻으로, 술을 즐겨 마시지 않는다는 의미입니다.

I don't like to be drunken.
저는 만취하는 걸 좋아하지 않아요.

drunken은 매우 자주 쓰지만 매번 혼동되는 단어라 여기서 언급합니다. drunken과 drunk 둘 다 '술이 취한'을 뜻하는 형용사임에 틀림없습니다. 하지만 drunken은 원칙적으로 drunken rage(술에 젖은 분노)처럼 명사 앞에만 쓰고, drunk는 동사 be 또는 get 뒤에 등장합니다. 그러니 위의 표현에서는 I don't like to be drunk 또는 I don't like getting drunk가 맞지요. 영어권에서는 일상대화에서 아예 drunken을 구식으로 취급하고 drunk를 선호하는 추세입니다. 술에 취한 남자는 a drunken man이 아니라 a drunk man이 되는 거지요. 공식적으로 '음주 운전'이 drunk driving이 된 정도이니까요.

We usually/sometimes go to a bar near work/campus.

우리는 주로/ 가끔씩 회사/ 캠퍼스 근처 술집에 갑니다.

Sometimes we go to a dance club.

우리는 가끔씩 나이트클럽에 갑니다.

night는 말 그대로 '밤'을 뜻하는 영어 단어일 뿐입니다. 뒤에 club을 붙여야 '나이트클럽'이라는 장소가 됩니다. 참고로 nightclub과 dance club 둘 다 쓰지만, 춤 위주로 생각을 한다면 dance club이 더 적절합니다. 어떤 외국인에게 nightclub이라고 말하면 영화에나 나오는 악당이 관리하고 있는 다소 어두운 공간을 연상할 테니까요.

My friends and I like to go to a hof.

제 친구들과 저는 호프에 가는 걸 좋아합니다.

hof는 영어가 아니라 독일어입니다. 우리가 흔히 생각하는 호프집은 그냥 bar(바)라고 하는 것이 맞습니다.

A True Story

Drinking and Small Talk

한국 회사원들이 북미 쪽 사람들과 비즈니스를 할 때 흔히 느끼는 건 아마 음주 문화가 다르다는 걸 겁니다. 전반적으로 보면, 한국에서는 초기에 술을 많이 마시고 2차, 3차를 가서 노래를 부르며 즐긴 다면, 북미인들은 맥주나 와인 같은 술을 너무 천천히 마시다는 생각이 들 정도로 천천히 즐기며 거의 수다 수준의 대화를 하는 걸 좋아합니다. 그리고 부부 동반 저녁 식사도 빼놓을 수 없지요. 와인과 전채 요리로 시작해 주요리를 천천히 즐기면서 비즈니스와 관련 없는 주제로 대화를 계속하고 디저트까지 먹지요. 이런 문화를 고려하면 small talk(한담)을 거뜬히 할 수 있는 것이 비즈니스상 상당히 도움이 됩니다. 사실 이번 Part에 등장하는 모든 주제가 small talk에 해당됩니다. 날씨와 자기가 사는 도시 도 small talk에 자주 나오고요. 평상시 다양한 주제를 생각하고 영어로 연습해서 원어민과 대화할 때 사용하다 보면 더 자연스러워질 것입니다.

독서
Reading

제 취미는 독서입니다.

My hobby **is reading** a book.

I read books in my free time.

원어민은 독서나 TV 시청을 취미라고 하면 어색하게 느낍니다. 우표, 동전, 인형, 골동품 등을 수집(collecting)한다든가, 배, 비행기 등의 모델(model)을 만든 다(building)든지, 좀 더 특별하고 시간이 많이 투자되는 것을 hobby로 인식합니다. 그 외의 것들은 그냥 여가 시간에 뭔가를 한다고 표현합니다. 예를 들어, I read books in my free time(저는 여가 시간에 책을 읽습니다)라고 말하며 a book이 아닌 복수형 books임에 유의하세요. free time과 spare time의 뉘앙스도 은근히 다릅니다. free time은 '스케줄이 없는 시간'이고 spare time 은 '남는 시간'입니다.

I love to read.

독서를 무척 좋아합니다.

I read to relax.

휴식을 위해 독서를 합니다.

I read a lot.

책을 많이 읽습니다.

I read [number] books a week/month/year.

일주일/ 한 달/ 일 년에 [숫자]권을 읽습니다.

two
2

I read at least an/a few/[number] hour(s) a day.

하루에 적어도 한/ 몇/ [숫자] 시간 독서를 합니다.

I read whenever I have spare time.

시간이 날 때마다 독서를 합니다.

I read a few hours before bed.

자기 전에 몇 시간 독서합니다.

I read on the subway/train/bus on my way to school/work.

통학/ 통근 중 지하철/ 기차/ 버스 안에서 독서합니다.

I listen to audio books in my car on my way to school/work.

통학/ 통근 중 차 안에서 오디오북을 듣습니다.

I read on the weekends.

주말에 독서합니다.

😊 종류/ 장르

I like [type/genre] books.

저는 [종류/ 장르] 책을 좋아합니다.

I like reading about [people/places/things].

[사람/ 장소/ 물건]에 대해 읽는 걸 좋아합니다.

I read different types of books, but I mostly read [type/genre].

여러 종류의 책을 읽지만, 주로 [종류/ 장르]를 읽습니다.

fiction
소설

World War II
제2차 세계 대전

thrillers
스릴러

소설	fiction	시	poetry
장편 소설	novel	비소설	nonfiction
단편 소설	short story	예술	art
자기 계발	self-help	아동	children's
전기	biography	청소년	juvenile / young adult
만화	comic	자서전	autobiography
심리학	psychology	언어 습득	language study
종교	religious	재테크	investment strategy
실용서	how-to	수필	essay
전자책4	e-book	성경5	the Bible
원예	gardening	전집	collection

✚ 4 e-book은 이미 book이라는 단어가 들어가 있습니다.

5 성경은 book을 뒤에 붙이지 않고 the Bible이라고 합니다.

Step Up

I read all kinds of books.

저는 온갖 종류의 책을 읽습니다.

I ... all kinds of...는 "나는 온갖 종류의 ~을 …한다"라는 의미로 운동, 음식, 노래, 책, 영화, TV 등 거의 모든 것에 대해 말을 할 수 있습니다. 예를 들어 여러 종류의 음악이 좋으면 I love all kinds of music이라고 하고요.

책 종류는 크게 소설과 비소설로 나뉘는데, 영어로는 fiction과 nonfiction입니다. 여기서 다시 장편 소설(novel)과 단편 소설(short story) 로 나뉘지요. 어떤 분들은 단편 소설도 novel이라고 할 때가 있는데, 이는 틀리니 주의하세요.

 좋아하는 저자

[Name] is my favorite author.

[이름]이 제가 가장 좋아하는 저자입니다.

I've read everything by [Name].

[이름]의 작품은 다 읽었습니다.

She usually writes books/novels about [people/places/things].

그녀는 [사람/ 장소/ 물건]에 관한 책/ 소설을 주로 씁니다.

Han Biya
한비야

Bernard Werber
베르나르 베르베르

airplanes
비행기

 Step Up

Stephen King is my all-time favorite author.

스티븐 킹은 제가 세상에서 가장 좋아하는 저자입니다.

이때까지 자신이 살았던 인생이 사실상 본인에게는 all-time이 되겠죠. 그래서 가장 좋아하는 저자, 노래, 책, 영화 등을 my all-time favorite...이 라고 한답니다.

저자의 약력

He won the [prize name] this/last year.

Pulitzer Prize
퓰리처상

그는 금/작년에 [상 이름]을 수상했습니다.

All her books have been bestsellers.

그녀의 모든 책이 베스트셀러였습니다.

He is quite popular in Korea.

그는 한국에서 꽤 인기가 있습니다.

많은 사람들이 어떤 책, 노래나 영화를 좋아할 때 famous(유명한)가
아닌 popular(인기 있는)를 쓰는 것이 더 적절합니다.

 책의 제목

The title of the book is [book title].

Love and Hate
〈사랑과 미움〉

그 책의 제목은 [책 제목]입니다.

우리가 가끔씩 노래 제목을 이름이라고 하는 것과 마찬가지로
원어민들도 때로는 도서, 연극, 영화, TV 프로그램, 음악 등의 제목을
name이라고 하긴 합니다. 하지만 대체로 title이 맞습니다.

 Step Up

The book's called *My Life.*

그 책은 〈마이 라이프〉라고 합니다.

The movie's called...나 The song is called... 등은 상대방에게 낯선
작품의 제목을 소개할 때 쓰는 문장 패턴입니다. 대중에게 널리 알려진
작품을 말할 때는 사용하지 않으니 주의하세요.

😊 국내 도서의 영어 제목

The literal translation of the title would be [translated title].

직역하면 제목이 [번역 제목]입니다.

Life
〈인생〉

Roughly translated, the title means [translated title].

대충 번역하면, 제목의 뜻은 [번역 제목]입니다.

What I Want
내가 원하는 것

위에서 literal은 '문자 그대로인'이라는 뜻이고, roughly는 '거칠게'

가 아니고 '대략' 또는 '대충'의 의미입니다.

😊 좋아했던 책

I really loved the book.

그 책을 굉장히 좋아했습니다.

I got completely absorbed in the book.

책 속에 완전히 빠져 버렸습니다.

I finished the book in a single day/[number] days.

책을 단 하루 만에/[숫자]일 안에 끝냈습니다.

two
2

😊 책의 주제/ 줄거리

It deals with the theme of [noun].

[명사]를 주제로 다룹니다.

family tragedies
가족의 비극

It talks about how [subject + verb].

어떻게 [주어+동사]하는지에 대해 이야기합니다.

people get greedy
인간들이 탐욕에 빠지다

The thema of the book is man versus nature.

책의 테마는 인간 대 자연입니다.

여기서의 오류는 순전히 발음 문제입니다. 사실 영어 단어인 theme 의 어원은 라틴어 thema인데 한국인들이 흔히 '테마'라고 하다 보니 thema로 인식합니다. 하지만 실제 영어로 말할 때 theme이라고 해야 원어민들이 이해한답니다. 참고로 한국인들은 versus의 줄임말인 vs.를 '브이에스'로 말하는데, versus라고 해야 맞습니다.

😊 특정 책이 좋았던 이유

The book really made me think.
그 책은 제게 깊은 생각을 하게 해줬습니다.

I was moved by the book.
그 책에서 감동을 받았습니다.

The book was informative.
그 책은 유익했습니다.

😊 독서를 시작한 계기

My parents always had a lot of books around the house.
부모님께서 항상 집에 책을 많이 두셨습니다.

I started reading [type] books as a child.

어렸을 때부터 [종류] 도서들을 읽기 시작했습니다.

My [person] got me into reading in
elementary/junior high/high school.

초등/ 중등/ 고등학교 때 제 [사람]이 독서에 흥미를 갖게 만들었습니다.

science
과학

mother
어머니

 Step Up I've loved reading for as long as I can
remember.

제가 기억하는 한 전 독서를 아주 좋아했습니다.

for as long as I can remember란 자신의 기억에 의하면 항상 그랬다는
뜻입니다.

영화와 TV

Movies & TV

영화 관람

공상 과학 영화를 아주 좋아해요.

I love SF film.

I love sci-fi movies.

물론 SF는 science fiction(공상 과학)의 약어이고 영어권에서도 때로 사용되긴 합니다만, 원어민들은 주로 SF 대신 약자 sci-fi를 씁니다. 항상 그런 건 아니지만, film이라는 단어 대신 더 발음하기 쉽고 비교적 가벼운 느낌인 movie를 사용하는 것이 더 자연스럽습니다. 그러니 SF나 film 자체를 딱 잘라서 콩글리시라고는 할 수 없겠지요. 따라서 위 문장에서 확실한 오류는 딱 한 개입니다. film을 단수형으로 말한 겁니다. 자신이 어떤 것을 좋아한다고 할 때는 목적어 자리에 놓는 명사를 복수형으로 쓰세요.

😊 선호하는 영화 장르

I usually watch [genre] movies.

주로 [장르] 영화를 봅니다.

action
액션

My favorite type of movie is [genre].

가장 좋아하는 영화 장르는 [장르]입니다.

romance
로맨스

I love [genre] movies.

[장르] 영화를 아주 좋아합니다.

disaster
재난

I watch all types of movies, but I like [genre] movies the best.

모든 종류의 영화를 보지만, [장르] 영화를 최고로 좋아합니다.

horror
공포

영화장르 (~*movie)

공상 과학	science fiction (sci-fi)	액션/ 모험	action/ adventure
판타지	fantasy	드라마	drama
스릴러	thriller	서스펜스	suspense
다큐멘터리	documentary	시대	period
클래식	classic	로맨스	romance
코미디	comedy	로맨틱코미디	romantic comedy
공포	horror	애니메이션(만화)	animation
재난	disaster	슈퍼히어로	superhero
전쟁	war	뮤지컬	musical
무술	martial arts	예술 영화	art film
독립 영화	indie film	단편영화	short film

➕ 이미 언급했듯이 구두상으로는 film 대신 movie라고 하지만, 예술 영화나 단편 영화는 예외입니다.

I'm a horror movie buff.

전 공포 영화광입니다.

영화, 음악, 책 등의 '~광'이나 '애호가'라고 할 때 buff가 있지만 junkie 또는 fanatic도 있습니다. 그런데 한국에서 쓰는 '마니아'는 영어권에서 는 사람을 뜻하는 게 아니라 '열광'이나 '열기'를 뜻합니다. maniac이 마니아에 해당하는 단어입니다. 특히 주의할 것은 mania는 homicidal maniac(살인광) 같이 부정적으로 쓰이는 경우가 많다는 것입니다.

참고로 genre(장르) 대신 type(종류)을 쓰는 게 듣기에 더 자연스럽 습니다.

영화 줄거리 구성 (특정 장르) type of plot

블랙 코미디	black comedy	성장 드라마	coming-of-age movie
러브 스토리	love story	추격영화	chase film
가족 드라마	family drama	가족 관계 코미디	domestic comedy
앙상블 영화	ensemble film	심리 스릴러	psychological thriller
음모	conspiracy	심리 드라마	psychological drama
로드 무비	road movie	도시 드라마	urban drama
서부 (영화)	western	다큐 드라마	docudrama
갱스터 영화	gangster film	괴물 영화	monster film

😊 영화 관람 빈도

I go to the movies at least once/twice/ [number] times a month.

eight
8

매달 최소 한 번/ 두 번/ [숫자]번 영화를 보러 갑니다.

I go to the movie theater once/twice/[number] times a year.

ten
10

매년 한 번/ 두 번/ [숫자]번 극장에 갑니다.

Step Up I try to catch all the latest movies.

최신 영화들은 모두 보려고 합니다.

비격식적으로 영화나 TV 프로그램을 보는 것을 catch한다고 합니다. 그리고 영어로 '최신'을 말할 때는 the newest보다는 latest를 더 많이 씁니다.

 관람 시간대

I usually go on a weekday/the weekend.

주로 평일/ 주말에 갑니다.

I like going in the morning/afternoon/ evening.

오전/ 오후/ 저녁에 가는 것을 좋아합니다.

I prefer going to a late showing.

심야 영화 관람을 선호합니다.

한국에서도 하는 심야 영화 상영은 the midnight showing입니다.

😊 자주 가는 극장

I usually go to the theater near my home.

주로 집 근처에 있는 극장에 갑니다.

There is a multiplex downtown I like going to.

제가 가기 좋아하는 시내 멀티플렉스가 있습니다.

I tend to go to the theater in [location].

[장소]에 있는 극장에 가는 편입니다.

my neighborhood
동네

multiplex라고 인정을 받기 위해 필요한 스크린 수는 자료에 따라 조금씩 다르지만, 한국에 있는 유명 체인 극장들을 모두 multiplex라고 생각하면 될 겁니다.

It has a 3D screen.

거긴 3D 스크린이 있습니다.

It's near where I live.

제가 사는 곳과 가깝습니다.

The screens there are large and the seats are wide.

그곳 스크린은 크고 좌석이 넓습니다.

It's usually not very crowded.

거긴 대개 사람들이 별로 없습니다.

There are a lot of cafés/restaurants in the area.

주변에 카페/ 식당이 많이 있습니다.

I normally go with my [person(s)].

보통 제[사람(들)]과 함께 갑니다.

girlfriend
여자 친구

I like to go with a date.

데이트 상대와 함께 가는 걸 좋아합니다.

I prefer watching movies alone.

혼자 영화 보는 걸 더 좋아합니다.

😊 좋아하는 배우

[Name] is my favorite actor/actress.
[이름]이 제가 가장 좋아하는 배우/ 여배우입니다.

I liked most of the movies [name] **has been in.**
[이름]이 나온 영화들 대부분을 좋아했습니다.

Angelina Jolie
안젤리나 졸리

An Sung-ki
안성기

영어로는 누가 영화에 출연하냐고 물을 때 Who's in it?이라고 하는데, 직역으로는 "누가 들어 있어?"가 되겠지만, 실제 원어민이 이해하는 의미는 "누가 나오는데?"랍니다. 참고로, 최근에는 성별의 구별 없이 여배우도 actor라고 합니다.

He is the national actor of **Korea.**
그는 한국의 국민배우입니다

어느 인터넷 조사에서 일반인들이 상당히 식상하게 느끼는 표현으로 '국민배우'를 뽑은 적이 있습니다. 사실 국회의원처럼 국민투표로 정하지 않는 이상, 어느 특정 배우를 그렇게 부르는 것은 무리가 있습니다. 영어에 '국민배우'나 '국민동생'이라는 표현은 없습니다. 위의 문장과 비슷한 뉘앙스를 영어로 전달하려면 He is the most popular actor in Korea(그는 국내에서 가장 인기 있는 배우입니다) 또는 He is the most famous actor in Korea(그는 국내에서 가장 유명한 배우입니다) 정도가 됩니다.

I recently watched [movie title].

최근[영화 제목]을 봤습니다.

Saw 12
〈쏘우 12〉

A few years ago, I watched [movie title].

몇 년 전에[영화 제목]을 봤습니다.

Something's Up
〈기묘한 일이 일어나다〉

I really enjoyed the movie.

그 영화를 아주 재미있게 봤습니다.

I watched the movie twice/[number] times.

그 영화를 두 번/[숫자] 번 봤습니다.

three
3

It's my favorite movie of all time.

제가 세상에서 가장 좋아하는 영화입니다.

It's about [plot].

[줄거리]에 대한 겁니다.

a young couple
trying to buy a house
집을 사려는 젊은 부부

It's a [type of plot].

[줄거리 유형]입니다.

chase film
추격영화

[Name] stars in the movie.

[이름]가 영화의 주연입니다.

Tom Cruise
톰 크루즈

[Name] is in the movie.

[이름]이 나옵니다.

Dakota Fanning
다코타 패닝

주연을 말할 때 [Name] is the main actor라는 표현이 빠졌다고 생각할 수 있습니다. 실제로 사용되는 문장이기도 하지요. 하지만 [Name] stars in the movie가 더 세련되었고, 구두상 더 많이 쓰는 자연스러운 구어체 표현입니다.

😊 특정 영화가 좋았던 이유

It had a great storyline.
줄거리가 훌륭했습니다.

The [element] was great.
[요소]가 대단했습니다.

acting
연기

It was really [adjective].
아주 [형용사]이었습니다.

moving
감동적

I loved the action scenes.
액션 장면들이 너무 좋았습니다.

There's a plot twist.
반전이 있습니다.

It has a happy ending.
해피 엔딩입니다.

The movie had a message.
영화에 교훈이 있었습니다.

I really like the director.
그 감독을 아주 좋아합니다.

It had great special effects.
특수 효과가 뛰어납니다.

Step Up

It was so funny that I was rolling in the aisles.

너무 웃겨서 포복절도했어요.

말 그대로 너무 웃겨서 aisle(통로)에서 깔깔대며 roll(구르다)했다는 겁니다. 포복절도했다는 거지요. 극장뿐만 아니라 관람석이 있는 공연을 보는 관객의 입장에서 쓸 수 있는 표현입니다.

The scenario was great.

시나리오가 아주 좋았어요.

영어권 영화계에서 scenario는 줄거리를 간단하게 묘사한 것이고, screenplay 또는 movie script가 '각본'에 해당합니다. 그리고 한국에서 말하는 '시나리오 작가'는 screenwriter랍니다.

시청

COOL her

다큐 프로그램 보는 걸 좋아해요.

 I like to watch docu program.

I like to watch documentary programs.

우리는 용어를 짧게 줄여 쓰는 것을 좋아합니다. 일단 재미있고 말하기도 쉬우니까요. 그래서 '남자 친구'는 '남친,' '웃음을 찾는 사람들'은 '웃찾사,' '완전히 소중한 남자'는 '완소남'이라고 말합니다. 영어권에도 이런 현상이 있습니다. lab(연구실)도 예전에는 조금 더 긴 단어인 laboratory였고, 앞에서 언급한 것처럼 drunken은 이제 알파벳 두 개가 빠진 drunk로 통합니다. 또 Central Intelligence Agency와 Federal Bureau of Investigation과 같이 긴 명칭은 약자인 CIA와 FBI로 불리지요. 하지만 그렇다 하더라도 영어 단어나 용어를 마음대로 줄여서는 안 됩니다. 다큐멘터리(documentary)는 '다큐'가 아니고, 애니메이션(animation)도 '애니'가 아닙니다. 그리고 위 예문은 다큐멘터리 프로그램을 즐긴다는 의미이니 program을 복수형인 programs라고 해야 합니다.

☺ 선호하는 프로그램 종류

I generally watch [TV program type].
보통 [TV 프로그램 종류]를 봅니다.

music shows
음악 프로그램

I mostly watch cable programs.
주로 케이블 방송을 봅니다.

My TV is usually on a movie/news/ documentary channel.
주로 TV에서 영화/ 뉴스/ 다큐멘터리 채널을 봅니다.

I tend to just flip through the channels.
저는 그냥 채널을 넘기는 편입니다.

한국과 영어권은 TV 프로그램 종류에 있어 문화적 차이가 분명하기 때문에 원어민에게 자신이 좋아하는 프로그램을 간단히 설명하는 게 어렵습니다. 특히 예능이나 드라마 같은 프로그램을 쉽게 번역하기

는 참 어렵지요. 시트콤이나 만화에 대해 말하는 것은 그다지 어렵지
않지만요.

Cable TV has too many CF.
케이블 방송은 광고 방송이 너무 많아요.

CF는 commercial film이라는 용어에서 유래되었다고 하는데, 일본
식 영어랍니다. 이 중 첫 단어 commercial이 바로 '광고 방송'이랍니
다. 이때 commercials라고 복수형으로 사용해야 합니다. 참고로
잡지에 나오는 광고는 advertisement 또는 짧게 ad라고 합니다.

😊 시청 빈도

I think I average about [number] or [number]
hours a day.

| one | two |
| 1 | 2 |

하루 평균 [숫자], [숫자] 시간 시청하는 것 같습니다.

I watch maybe [number] hours on weeknights.

| three |
| 3 |

평일 밤에는 아마 [숫자] 시간 시청할 겁니다.

I watch TV practically all day on my days off.
쉬는 날이면 거의 하루 종일 TV를 봅니다.

Step Up   I'm glued to the TV set when I'm home.

집에 있을 때면 TV 앞을 떠나지 않아요.

glue는 접착제잖아요. be glued to는 마치 glue로 붙인 것 같이 무엇에
열중한다는 의미입니다.

One of my favorite TV shows is [title].

좋아하는 TV 프로그램 중 하나는 [제목]입니다.

I love watching [title].

[제목]을 보는 것을 아주 좋아합니다.

I never miss an episode of [title].

[제목]을 한 회도 놓치지 않습니다.

The Big Bang Theory
〈빅뱅 이론〉

Animal Kingdom
〈동물의 왕국〉

Fringe
〈프린지〉

 Step Up

I can't get enough of *CSI: Miami.*

〈CSI: 마이애미〉를 아무리 봐도 질리지 않아요.

"~을 충분하게 가질 수 없다"로 직역되는 can't get enough of...는 그 대상이 너무 좋아 아무리 가지고 가져도 질리지 않는다는 겁니다. 누구 어머니의 LA갈비 맛이 예술이라면 I can't get enough of her LA galbi라고 하겠지요.

The shows are funny.

그 프로그램들은 웃깁니다.

I always learn something from it.

그것에서 항상 배우는 점이 있습니다.

The show's quite educational.

그 프로그램은 꽤 교육적입니다.

I just watch it to relax.

휴식을 위해 볼 뿐입니다.

He is a gag man, and she is a talent.

그는 개그맨이고, 그녀는 탤런트예요.

원어민은 '개그맨'을 comedian, '개그우먼'을 comedienne, '개그 프로그램'은 comedy show라고 합니다. '탤런트'는 TV actor(남자 연기자) 또는 TV actress(여자 연기자)라고 합니다.

😊 등장인물

I like [name] because he is [adjective].

[이름]이 [형용사]라서 그가 좋습니다.

She plays [character name].

그녀는 [등장인물 이름] 역할을 합니다.

I like all the characters, but [character name] is my favorite.

모든 등장인물들을 좋아하지만, [등장인물 이름]이 가장 좋습니다.

[Name] is the host of the show.

[이름]이 그 프로그램의 MC입니다.

[Name] is one of the hosts.

[이름]은 MC 중 한 명입니다.

Shawn	funny
숀	웃긴
Queen Anne	
앤 여왕	
Tom	
톰	
Shin Dong Yeop	
신동엽	
Yoo Jae Seok	
유재석	

He is the MC.

그가 MC입니다.

원래 MC는 master of ceremonies의 약자로 공식 행사의 진행자나 사회자를 말하는데, 한국 예능 프로그램에 나오는 토크쇼의 연예인 들이나 그룹으로 나오는 코미디언은 MC가 아닙니다. TV 프로그램 의 진행자는 남자든 여자든 영어로 host라고 하는 것이 더 적절합니 다. 그렇다면 Ryan Seacrest는 *American Idol*의 host이지 MC가 아 니겠지요.

😊 영화 대신 DVD를 대여하거나 구입하는 이유

Movie theaters are too crowded.

영화관은 사람들로 너무 북적거립니다.

It's a lot cheaper watching movies at home.

집에서 영화 보는 것이 더 저렴합니다.

I can watch the same movie more than once.

같은 영화를 한 번 이상 볼 수 있습니다.

I get to choose my own time to watch.

보는 시간을 제가 정할 수 있습니다.

위에서 more than once는 직역으로 '한 번 보다 많은'이라는 의미로, again(다시)과 비슷한 뉘앙스입니다. 그리고 get to...라고 하면 무엇 을 하게 되는 것이므로 '기회가 생긴다'는 말이 됩니다.

Step Up | It's a whole lot more convenient.

그게 훨씬 더 편리하지요.

좀 생소한 표현일 수 있는 a whole lot more...는 다른 무엇과 비교해서 '상당히 더~'라는 뜻입니다. 사실상 비교 대상이 안 된다는 의미이지요.

It is more comfortable.

그게 더 편리합니다.

왠지 모르지만 어떤 것이 편리하다고 할 때, 생각보다 많은 한국 사람들이 comfortable(편안한)이라고 말합니다. 한국말로도 편리한(convenient)과 편안한(comfortable)은 확연히 다르죠? 침대나 소파에 있을 때, 옷을 입을 때, 집안에서 몸으로 느끼는 편안함을 말할 때는 comfortable이라고 표현하고, 물건이 편리한 것은 convenient라고 합니다.

A True Story

Sparking the Interviewer's Interest

영어 면접 시 가장 좋아하는 TV 프로그램을 물어보면 거의 백이면 백이 〈무한도전〉이라고 대답합니다. 물론 재미있고 인기가 많은 프로그램이니 그렇겠지만 등장하는 연예인들의 성격이나 행동을 영어로 자연스럽고 효율적으로 묘사하기란 쉽지 않습니다. 설령 영어로 내용이 대략 전달되더라도 문화적 차이로 인해 원어민이 흥미를 느끼지 않을 수도 있는데 이런 경우 점수를 얻기 힘들겠지요? 그렇다고 〈CSI〉 같은 미드라고 하면 좋은 점수를 받을까요? 미리 면접관들의 관심을 끌만한 영어권 프로그램을 자주 보고 캐릭터 이름도 알아 두는 전략을 짜보면 어떨까요?

06

음악

Music

발라드를 좋아해요.

 I like ballads.

I like listening to slow songs.

영어권에서도 ballad라는 단어를 사용한다고 우기는 분들이 있습니다. 80
년대 사랑을 고백하는 진심 어린 가사와 감미로운 멜로디가 나오는 유명한
heavy metal 밴드들의 곡이 인기를 얻어 rock ballad라는 새로운 장르가
탄생했지만 지금은 잘 쓰지 않습니다. 또한 원어민은 우리가 생각하는 발라
드를 ballad라고 인식하지 않습니다. 가장 적합한 용어는 slow songs, love
songs 또는 soft rock 정도입니다. 그리고 더 정확하게 하려면 listening
to(듣다)라는 말도 덧붙여야 합니다.

[Music type] is probably my favorite kind of music.

[음악 종류]가 제가 가장 좋아하는 장르일 겁니다.

I'm mostly into [music type].

[음악 종류]를 주로 좋아합니다.

I really like listening to [music type].

[음악 종류] 듣는 걸 정말 좋아합니다.

I like both [music type] and [music type].

[음악 종류]와 [음악 종류]를 둘 다 좋아합니다.

It depends on my mood.

기분에 따라 다릅니다.

In the morning/during the day/at night, I like listening to [music type].

아침에/ 낮에/ 저녁에는 [음악 종류]를 듣는 것을 좋아합니다.

hip-hop
힙합

heavy metal
헤비메탈

jazz
재즈

reggae   soul
레게   소울

opera
오페라

 Step Up   Jazz is so addictive.

재즈는 중독성이 강합니다.

흔히 무언가에 중독되면 나쁜 거지만, 원어민들은 자기가 아주 좋아하는 무언가가 있을 때 진담 반, 농담 반식으로 그게 중독성이 강하다고 합니다. 그것이 초콜릿이 될 수도 있고, 프로 레슬링, 달리기, 골프 같은 운동이나 음악이 될 수도 있지요.

My favorite genre of music is classic.

가장 좋아하는 음악 장르는 클래식입니다.

한국에서는 거의 모든 예술, 영화, 음악 등의 종류를 '장르'라고 말하는데, 그 자체가 문제가 되지는 않습니다. 하지만 예문처럼 너무 격식적이고 학문적인 느낌이 들 때가 많지요. 일단 genre는 kind(종류)나 type(종류)으로 바꾸고, 가장 큰 문제인 classic에 초점을 두자면 classic은 형용사로 '고전적인,' 명사로는 '고전'이나 '명작'을 말합니다. classical music이라고 해야 베토벤이나 바흐를 연상하게 됩니다.

😊 좋아하는 가수/ 작곡가

I just love [singer or group/composer].

저는[가수 및 그룹/ 작곡가]를 매우 좋아합니다.

2AM
2AM

[Singer/composer] is an extremely talented singer/composer.

[가수/ 작곡가]는 매우 재능 있는 가수/ 작곡가입니다.

Lee Seung Chul
이승철

 Step Up

Hands down, Usher is my favorite singer.

의심할 여지없이, 어셔가 제가 가장 좋아하는 가수입니다.

hands down은 "반론할 여지없이, 의심할 여지없이" 또는 "다시 말을 할 필요 없이" 등 "확실히"라는 의미입니다.

My favorite singer is Girls' Generation.
가장 좋아하는 가수는 소녀시대입니다.

singer는 가수 한 사람입니다. 질문이 Who's your favorite singer 라 하더라도 좋아하는 가수가 그룹이라면 singer가 아니고 group 이라고 답을 해야겠지요. 악기까지 다루는 그룹은 band(밴드)라고 합니다.

음악인 종류 musician types

가수	singer	그룹	group
밴드	band	2인조	duo
여자 아이돌 그룹[6]	girl group	남자 아이돌 그룹	boy band
3인조	trio	4인조	quartet
작곡가	composer	싱어송라이터	singer-songwriter
리드 보컬	lead singer	기타리스트	guitarist
베이스 가수	bassist	드러머	drummer
키보드 연주자	keyboardist	백업 보컬(코러스)	backup singers

✚ [6]아이돌(idol)이라는 용어가 존재하는 건 사실입니다만, 한국이나 일본의 대중음악에 익숙하지 못한 원어민들은 아이돌 그룹이라는 말을 쉽게 이해하지 못합니다. American Idol 같은 프로그램과 teen idol(청소년 아이돌)이라는 용어가 있기는 하지만 그래도 그들의 음악계에서는 대중화되어 있지 않으니까요.

It helps me think/relax.

생각을 할 수 있도록/ 안정을 취할 수 있도록 도와줍니다.

It's energizing.

활력을 불어넣어 줍니다.

The music's uplifting.

그 음악은 행복감을 줍니다.

I like dancing to the music.

음악에 맞춰 춤추는 것을 좋아합니다.

It cheers me up.

기운이 나게 해줍니다.

I don't like it when it's too quiet around the house.

집이 너무 조용한 것을 좋아하지 않습니다.

I listen to my audio at home.

집에서 제 오디오를 들어요.

audio라고 해도 원어민 대부분이 알아듣겠지만, 보통 stereo라는 단어를 씁니다. 아니면 audio system도 괜찮습니다.

음악을 듣는 시간대

I listen to music all the time.

저는 항상 음악을 듣습니다.

I listen to music while I [verb].

[동사]를 하면서 음악을 듣습니다.

study
공부

I listen to music on the subway/train/bus on my way to school/work.

통학/ 통근 중 지하철/ 기차/ 버스 안에서 음악을 듣습니다.

I listen to music in my car on my way to school/work.

통학/ 통근 중 차 안에서 음악을 듣습니다.

I listen to music when I'm out on the streets.

거리에 있을 때 음악을 듣습니다.

I listen to music before bed.

자기 전에 음악을 듣습니다.

Step Up   I take my music with me wherever I go.

제가 어딜 가든 음악과 함께 합니다.

이런 말을 하는 사람은 아마도 어디를 가든지 MP3 기능이 있는 smartphone을 갖고 다니면서, 기회가 될 때마다 음악을 듣겠지요.

I have an MP3.

MP3플레이어가 있어요.

MP3는 오디오 포맷을 일컫는 것으로, 기기 자체가 아닙니다. 또한, 기기는 **MP3 player**입니다.

😊 사용하는 기기

I use my MP3 player/smartphone/tablet PC.

저는 MP3 플레이어/ 스마트폰/ 태블릿 PC를 사용합니다.

I always carry it with me.

항상 그걸 가지고 다닙니다.

I listen to music on my smartphone/MP3 player.

제 스마트폰/ MP3 플레이어로 음악을 듣습니다.

When I'm home, I listen to music on my stereo.

집에서는 오디오로 음악을 듣습니다.

I listen to music from my car stereo while I drive.

운전 중 자동차 오디오로 음악을 듣습니다.

😊 기기의 편리함

I like the fact that it's so portable.

그것이 휴대하기 쉽다는 점에서 좋습니다.

It holds a lot of music/songs.
거기에 많은 음악/ 노래를 넣을 수 있습니다.

It lets me listen to music any time I want.
원할 때 아무 때나 음악을 들을 수 있게 해줍니다.

☺ 음악 취향의 변화

In [school type] I listened to mainly [music type].
[학교 종류] 때 주로 [음악 종류]를 들었습니다.

| high school |
| 고등학교 |
| heavy metal |
| 헤비메탈 |

Then in [school type] I began listening to [music type].
그러다가 [학교 종류] 때 [음악 종류]를 듣기 시작했습니다.

| college | jazz |
| 대학교 | 재즈 |

I used to be into [music type].
예전에 [음악 종류]를 좋아했습니다.

| rock |
| 록 |

My taste in music has changed quite a bit.
음악 취향은 상당히 변했습니다.

My taste in music changes every few years, actually.
사실 음악 취향은 몇 년마다 바뀝니다.

아시다시피 used to는 혼동을 유발시킬 수 있는 조동사입니다. 어느 금연자가 "I used to smoke(예전에 난 흡연을 했다)"라고 말하는 것같이, 지금은 하지 않지만 과거에는 했던 습관 등을 말할 때 씁니다. 그런데 used to 앞에 be동사가 들어가면 "I am used to the noise(나는 그 소음에 익숙하다)"에서 처럼 '익숙하다'라는 뜻이 되니 주의하세요.

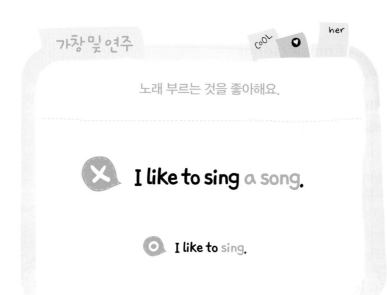

cool ☺ her

노래 부르는 것을 좋아해요.

❌ **I like to sing** a song.

◉ **I like to** sing.

'노래 부르다'는 이미 Part 2에서 언급했던 '키가 크다,' 또는 '길이가 길다'와 같은 문제에 해당되며 그냥 '노래하다'라고 할 때 sing만 쓰면 됩니다. Carpenters의 "Sing"이란 노래 첫 줄에서는 "Sing, sing a song"이라는 가사가 나온다고 반박하실지도 모르지만 이것은 작사할 때 리듬과 시적인 요소를 다 감안하였기 때문입니다. 원어민들이 일반적으로 walk a walk, dance a dance 또는 smile a smile이라고 하지 않는 것처럼 sing만 쓰는 것이 맞습니다.

☺ 혼자 노래할 때

I like singing along with a song on the radio.
라디오에서 나오는 노래를 따라 부르기를 좋아합니다.

I sing in the shower.
샤워하면서 노래를 합니다.

148 ☺ **Part III**

I sing when I play the [musical instrument].

guitar
기타

[음악 악기]를 연주하면서 노래합니다.

I sing to myself when I'm home.

집에 있을 때 혼자 노래합니다.

 다른 사람들과 노래할 때

I sing in the church choir.

교회 성가대에서 노래를 부릅니다.

I'm in a singing club on campus.

교내 노래 동아리 소속입니다.

[Person] and I like singing in the car.

my girlfriend
여자 친구

저와 [사람]은 차 안에서 노래하기를 좋아합니다.

 노래를 부르는 이유

I sing for fun.

재미 삼아 노래를 합니다.

Singing is a great way to relieve stress.

노래하는 것은 스트레스를 해소하는 아주 좋은 방법입니다.

Singing just feels good.

노래하면 그냥 기분이 좋습니다.

 노래방

In Korea, karaoke rooms called noraebangs are very popular.

한국에서는 노래방이라고 하는 가라오케가 인기가 많습니다.

I usually go with my family/co-workers.

주로 제 가족/ 직장 동료들과 함께 갑니다.

It's a great way to relax.

그건 휴식을 취하는 아주 좋은 방법입니다.

 자신의 노래 능력

I sing off-key.

저는 음치입니다.

I don't think I'm much of a singer.

저는 노래를 별로 못한다고 생각합니다.

I think I'm a fairly good singer.

저는 노래를 꽤 잘한다고 생각합니다.

😊 다루는 악기

I play the [musical instrument] **when I'm home.**

집에 있을 때 [악기]를 연주합니다.

saxophone
색소폰

I only play the [musical instrument]
occasionally.

[악기]를 가끔씩만 연주합니다.

flute
플루트

I play the [traditional Korean musical
instrument], **which is a lot like a** [musical
instrument].

[악기]와 많이 비슷한 [국악기]를 연주합니다.

daegeum   flute
대금   플루트

I just play it for fun.

그냥 재미로 연주합니다.

I like hearing myself play.

제 연주를 듣는 것이 좋습니다.

It's fun making music.

연주하는 것이 재미있습니다.

I took some lessons when I was a kid.

어렸을 때 레슨을 좀 받았습니다.

I'm currently taking lessons.

현재 레슨을 받고 있습니다.

[Person] taught me how to play.

[사람]이 저에게 연주하는 법을 가르쳐 주었습니다.

my father
아버지

I taught myself.

독학했습니다.

I was in an amateur band in high school/ college.

고등학교/ 대학교 때 아마추어 밴드에 있었습니다.

I'm in the [musical instrument] club in school.

학교[악기] 동아리에 속해 있습니다.

cello
첼로

I'm part of a club that meets [number] a [calendar unit].

twice	month
2번	달

[시간 단위]마다 [빈도수] 만나는 동아리에 소속되어 있습니다.

Sometimes we perform in front of a small audience.

우리는 때때로 소규모 관객 앞에서 공연을 합니다.

How many people go to noraebangs every day?

한국에서 하루에 몇 명이 노래방을 찾을까요? 어쩌면 시간을 두고 조사를 하면 답이 나올 수도 있겠지요. 그런데 영어 면접에서 이런 형식의 돌발 질문을 받는다면 당황하기 마련입니다. 여기서 질문의 의도는 얼마나 논리적으로 자신이 추측한 것을 설명할 수 있는지를 보는 겁니다. 쉽게 생각하면 됩니다. 개인적으로 가장 좋은 답변은 Well, I go about once a month(아, 저는 노래방에 한 달에 한 번 갑니다)로 시작해서 사실상 말은 안되지만 대충 노래방을 찾는 인구가 대한민국에 1/3이라고 가정한 후 다시 그 숫자를 30일로 나누는 것이었습니다. 물론 대부분의 국내 영어 면접이나 영어 말하기 시험은 수학이나 과학 시험이 아닙니다. 인성 면접도 아니고요. 순전히 영어 능력을 측정하는 것이니 논리가 괴상해도 영어로만 순조롭게 잘 표현하면 좋은 점수를 받을 수 있습니다.

07 예술과 문학

Arts & Literature

저는 시를 씁니다.

 **I write** poem.

🎯 **I write** poetry.

poem은 시 한 편을 뜻하는 것이고, poetry가 시를 일컫는 단어입니다. 시를 쓴다는 말을 하려면 I write poetry라고 해야겠지요. 시 쓰기, 그림 그리기, 사진 찍기, 조각하기 및 소설 쓰기 등 상업적인 목적으로 하지 않는 이상 모두 다 진정한 취미, 즉 hobby라고 할 수 있습니다.

예술적인 취미

I write poetry/draw/paint/sculpt in my free time.

여가 시간에 시 쓰기/ 그림 그리기/ 물감으로 그리기/ 조각하기를 합니다.

I've been doing a little poetry writing/ drawing/painting/sculpting for a few years.

몇 년 동안 시 쓰기/ 그림 그리기/ 물감으로 그리기/ 조각하기를 좀 하고 있습니다.

I do some fiction/non-fiction writing for fun.

소설/ 비소설 쓰기를 재미 삼아 하고 있습니다.

Step Up | I dabble in writing science fiction.

공상 과학 소설 쓰기에 살짝 손을 대고 있습니다.

무엇을 dabble한다는 것은 가볍게 손을 대는 거지요. 사실 이런 언급은 자신이 dabble하는 것에 자신이 없거나 겸손한 태도를 보이고 싶을 때 쓰는 말로 자신의 진정한 소질을 확실히 드러내는 것은 아닙니다.

 자신의 소질

I don't think I'm very good.

제가 별로인 것 같습니다.

I think I'm getting better at it.

제가 더 나아지고 있다고 생각합니다.

I think I'm okay at it.

제가 괜찮게 한다고 생각합니다.

Step Up | **I doubt I can make a living at it.**

이걸로 밥벌이를 할 수 있다고는 생각하지 않습니다.

그러니까 그것으로 make a living, 즉 생계를 꾸릴 정도는 아니라는 거지
요. 그리고 I doubt...은 유용하고도 세련된 표현으로, '무엇에 대해 의심
이 간다, 믿기 어렵다'라는 뜻입니다. 예를 들어, 누가 "내일 비올 것 같아?"
라고 물을 때, I doubt it이라고 간단하게 말하면 "그럴 것 같지 않은데"가
됩니다.

 타인과 취미를 공유할 때

I regularly/occasionally post my writing on my blog.

자주/ 가끔 블로그에 글을 올립니다.

I like to upload photos of my drawings/ paintings/sculptures on my blog.

제 데생/ 채색한 그림/ 조각품 사진들을 블로그에 올리는 걸 좋아합니다.

I've shown some of my writing/poetry/ drawings/paintings/sculptures to people.

사람들에게 제 글/ 시/ 데생/ 채색한 그림/ 조각품 몇 점을 보여준 적이 있습니다.

 하는 이유

It makes me feel creative.

제가 창조적이라는 느낌이 들게 합니다.

I like expressing my creativity.

저의 창조력을 표현하는 걸 좋아합니다.

I like the process itself.

저는 과정 자체가 좋습니다.

It's a great way to pass the time.

시간을 보내기에 아주 좋은 방법입니다.

I just have fun doing it.

그냥 그걸 하는 게 즐겁습니다.

 Step Up **I'm not sure why, but I feel drawn to it.**

왠지는 모르지만, 느낌상 끌려요.

draw는 '그리다'라는 뜻도 있지만, 물체나 사람을 '끌다, 끌어당기다', 또는 반응을 '끌어내다'라는 의미도 있습니다. 그러니 무엇이나 누구에게 feel drawn to하면, 쉽게 말해 매력을 느끼는 거지요.

 시작하게 된 계기

I started it in [school type].

[학교 종류] 때 시작했습니다.

high school
고등학교

I've always liked reading poetry/fiction/non-fiction.

항상 시/ 소설/ 비소설 읽는 것을 즐깁니다.

I've always liked looking at drawings/paintings/sculptures.

항상 그림/ 물감으로 그린 그림/ 조각 보는 것을 즐깁니다.

I wanted to find a way to express myself.

자신을 표현할 방법을 찾길 원했습니다.

I always did well in writing/art class.

항상 작문/ 미술 수업에서 점수를 잘 받았습니다.

Part II에서 이미 언급했듯이, 반(class)에서 do well한다는 것은 점수를 잘 받는다는 의미입니다.

08 만들기와 수집
Building & Collecting

프라모델을 만들어요.

❌ **I do pramodel.**

✅ **I build models.**

한국에서든 영어권에서든 플라스틱 모델 키트[plastic model kits]를 일일이 조립해서 완성하는 일이 인기입니다. 그런데 흔히 이 모델들을 '프라모델'이라고 하는데, 이 용어는 영어가 아니고 일본에서 건너온, 플라스틱을 '프라'로 줄이고 '모델'을 붙인 이름입니다. 심플하게 복수형인 models라고 해도 손색이 없습니다. 또한 '합니다'를 do로 번역했는데, build(만들어 내다)가 가장 적합합니다. 즉, I build models가 올바른 표현이지요.

☺ 모델 만들기

I build models in my free time.

여가 시간에 모델을 만듭니다.

I like putting together miniature models.

축소형 모델 조립을 즐깁니다.

I mostly build cars/trains/ships/airplanes/ robots/buildings.

주로 자동차/ 기차/ 배/ 비행기/ 로봇/ 빌딩을 만듭니다.

I make my own models with toothpicks/ wood/metal/[other material].

이쑤시개/ 나무/ 금속제/ [타 재료]로 직접 모델을 만듭니다.

 Step Up

I create models from scratch.

기본 재료만으로 모델을 만듭니다.

from scratch는 아무런 사전 준비 없이, 마치 MacGyver(맥가이버)처럼 기초 재료만으로 무엇을 만들어 내는 겁니다.

☺ 기타 물건 만들기

I do some/a lot of woodworking.

목세공을 가끔/ 자주 합니다.

I build cabinets/desks/chairs/bookcases/ [other woodwork].

장식장/ 책상/ 의자/ 책장/ [타 목공품]을 만듭니다.

I like tending my garden when I'm home.

집에 있을 때 정원 가꾸는 걸 좋아합니다.

I grow flowers and plants on the balcony.

발코니에 꽃과 식물을 키웁니다.

I make [finished product] **with** [material(s)].

[재료]로 [완성품]을 만듭니다.

My flowerpots are made by clay.

화분은 점토로 만들어졌어요.

pencil cases
필통
cardboard
판지

made by 다음에 등장하는 명사는 그 무엇을 만든 사람이어야 됩니다. 이 상태로는 마치 화분을 Clay라는 사람이 만든 걸로 들립니다. 화분의 재료를 말하려면 made from이나 made with라고 해야 합니다.

I collect stamps/coins and bills/dolls/ antiques/[other collectibles].

우표/ 화폐/ 인형/ 골동품/ [타 수집 대상물]을 수집합니다.

In [number] years, I've collected [number] [collectibles].

[숫자]년 동안 저는 [수집 대상물]을 [숫자]개 모았습니다.

ten 10
two hundred 2백
toy cars
장난감 자동차

stamps   five
우표   5

I've been collecting [collectibles] for [number] years now.

현재까지 [수집 대상물]을 [숫자]년 동안 수집했습니다.

I get most of my collection from [location or person].

[장소나 사람]으로부터 수집품 대부분을 받습니다.

the Internet
인터넷

Step Up

I'm always on the lookout for a rare antique.

항상 진귀한 골동품이 나타날지를 세심히 살핍니다.

망을 보는 것이 원래 on the lookout이지요. 그만큼 눈을 크게 뜨고, 귀를 기울이고 세심히 살핀다는 겁니다.

쇼핑
Shopping

아이쇼핑을 좋아해요.

I like eye shopping.

I like to go window shopping.

콩글리시이긴 하지만, 여러 면에서 eye shopping은 그다지 나쁘지 않은 말입니다. 하지만 원어민들이 쓰는 window shopping을 사용해야겠지요. 그리고 아무것도 사지 않고 둘러만 보더라도 활동은 활동이니 like 다음에 to go를 넣는 것이 좋습니다.

더불어 영어권 나라에서 쇼핑을 할 때, 종업원이 Can I help you with anything?(뭐 도와드릴 게 있나요?)이라고 물어오면, No, I'm just window shopping(아니오, 그냥 윈도쇼핑하고 있는 거예요)이 아니라, I'm just looking(그냥 보는 거예요)이라고 해야 합니다.

I probably go shopping at least once/twice/ [number] times a week/month.

아마 적어도 일주일/ 한 달에 한 번/ 두 번/ [숫자]번 쇼핑을 갈 겁니다.

I do a lot of shopping.

쇼핑을 자주 갑니다.

I think I do a fair amount of shopping.

제가 쇼핑을 상당히 많이 한다고 생각합니다.

위 문장에서 fair은 '타당한'이 아니라 '상당한'이라는 의미가 되므로 주의하세요.

 Step Up

Shopping is almost a hobby for me.

저에게는 쇼핑이 거의 취미입니다.

하도 많이 해서 취미 수준에 달했다는 뜻이지요. Be almost a hobby for me는 다양한 주제에서 유용하게 쓸 수 있는 표현입니다.

I like going to the [shopping venue].

[쇼핑 장소]에 가는 걸 좋아합니다.

department store
백화점

I often stop by the [shopping venue] near my school/office.

학교/ 사무실 근처에 있는 [쇼핑 장소]에 자주 들릅니다.

store
가게

My husband/wife and I like to shop at a [shopping venue] near our home.

남편/ 아내와 저는 집 근처 [쇼핑 장소]에서 쇼핑하는 걸 좋아합니다.

supermarket
대형 마트

I frequently browse the shops near campus/work.

학교/ 회사 근처 가게들을 자주 둘러봅니다.

쇼핑 장소 종류 shopping venues

백화점	department store	할인 매장	outlet mall
전자 상가	electronics store	식품점	grocery store
길거리 상점	street vendor	홈 쇼핑	home shopping channel
회원제 도매센터	warehouse club	인터넷 쇼핑몰	online shopping mall
편의점	convenience store	공설시장	public market
철물점	hardware store	쇼핑몰	mall
옷가게	clothing store	보석가게	jewelry store
스포츠용품점	sporting goods store	신발 가게	shoe store
약국	pharmacy/ drug store	문구점	stationery store

 가게에서 파는 물건

It sells [items].
그곳은 [물품]을 팝니다.

They also have [items].
그들은 [물품]도 있습니다.

It's a [shopping venue].
그곳은 [쇼핑 장소]입니다.

They have hard-to-find items like [item].
그곳에는 [물품] 같은 찾기 어려운 물품들이 있습니다.

toys
장난감

neckties
넥타이

hardware store
철물점

Hello Kitty gloves
헬로키티 장갑

😊 동행하는 사람

I normally try to get my [relative or friend] **to go with me.**

보통 제 [친척이나 친구]와 함께 가려 합니다.

mother
어머니

It's usually [person] **who suggests we go shopping.**

쇼핑 가자고 제안하는 사람은 보통 [사람]입니다.

my roommate
룸메이트

Who I bring depends on the time of the day.

동행하는 사람은 그날 시간에 따라 다릅니다.

Most of the time, I take my kid(s)/husband/ wife/brother/sister.

주로 아이(들)/ 남편/ 아내/ 남자 형제/ 여자 형제를 데려갑니다.

😊 주로 사는 물건

I tend to buy things for the house/the family/ myself.

집/ 식구/ 제 자신을 위해 물건들을 구입하는 편입니다.

I buy [item].

[물품]을 삽니다.

milk
우유

Mostly I pick up [item].

주로 [물품]을 삽니다.

bread
빵

pick up은 가게 같은 곳에서 간단하게 쇼핑을 할 때 사용하는 표현입니다. 보통 식품점에 갈 때 I need to pick up some groceries(간단히 식료품 좀 사러 가야 돼)라고 말하지요.

I wear clothes before I buy.
옷을 사기 전에 입어 봐요.

'입어 보다'는 try on입니다. 위에서 언급된 wear은 '입고 있다'로 문장의 의도에 맞지 않습니다. 일단 wear을 try on으로 바꾸고 끝에 them을 추가하여 buy them이 되어야 적합합니다.

가게에서가 아닌, 집에서 나가기 전에 옷을 '입는다'라고 표현할 땐 wear일까요? I wear my clothes before I go out이라고요? 아닙니다. 옷을 입고 있는 상태가 wear이니까 이때는 put on(입다)이라고 합니다. I put on my clothes before I go out이 되지요.

😊 쇼핑 비용

I probably spend anywhere between [price] to [price].
아마도 [가격]에서 [가격] 사이 돈을 쓸 겁니다.

ten-thousand won
만원
twenty-thousand won
2만원

It depends on the time of the year.
어떤 계절인가에 따라 다릅니다.

I wind up overspending.
결국 초과 지출을 하고 맙니다.

I try not to spend more than [price].
[가격] 이상 쓰지 않으려고 노력합니다.

thirty-thousand won
3만원

I usually buy [items] on sale.
주로 [물품]을 할인된 가격으로 삽니다.

socks
양말

I'm watching my budget, so I don't spend a lot of money.

지출을 관리해야 해서 돈을 많이 쓰지 않습니다.

budget은 원래 '예산'이라는 뜻이지요. 자기 예산을 초과하지 않도록 조심스럽게 돈을 쓴다는 뜻입니다.

 쇼핑 장소가 마음에 드는 이유

The clerks are friendly.

직원들이 친절합니다.

Their prices are reasonable.

가격이 적당합니다.

They offer a good variety.

다양한 물건을 판매합니다.

They have good deals on [items].

좋은 가격의 [물품]이 있습니다.

shoes
신발

The store is very well organized.

가게가 아주 잘 정리되어 있습니다.

It's well lit.

채광이 좋습니다.

They have good quality items.

좋은 품질의 물건들이 있습니다.

Their shoes are well worth the price.

그들의 신발은 가격만큼의 가치가 있습니다.

worth the price는 '가격이 높다'는 걸 나타내는 말로 the price(가격)만큼이나 worth(가치)가 있다는 겁니다. (be) well worth...는 다양하게 사용할 수 있습니다. 어떤 책이 재미있으면 The book is well worth your time이라고 권할 수 있는데, 이건 "그 책은 당신이 시간을 투자한 만큼의 가치가 있습니다"라는 뜻입니다.

The shop master is a nice person.

가게 주인이 사람이 좋아요.

shop master란 용어는 먼저 '가게'라는 shop과 '주인'이라는 master, 이 두 단어를 결합시켜 shop master가 되었을 텐데, 이런 말은 판타지 소설에서나 나옵니다. '가게 주인'은 영어로 보다 단순하게 store owner랍니다. 예문에서는 owner라고 해도 되고요. 물론 이런 식의 고대적인 용어가 현대식 영어에서 아예 없어지진 않았지만요. '집주인'을 아직도 르네상스시대 전에나 사용했을 만한 landlord, 즉 '토지의 영주'라고 하니까 말입니다.

 최근에 구입한 물건

I recently bought [item].

최근에 [물품]을 구입했습니다.

a suit
양복 한 벌

I ran out of [item], so I had to buy some.

[물품]이 바닥나서 조금 사야 했습니다.

coffee
커피

I purchased a new [item].

새 [물품]을 구입했습니다.

laptop computer
노트북 컴퓨터

I bought a [item] for [person]'s birthday.

[사람]의 생일 선물로 [물건]을 하나 구입했습니다.

pen   my sister
펜   여동생[누나]

I purchased a maker jean.
메이커 청바지를 구입했어요.

maker는 어떤 물건을 만드는 사람이나 회사이지요. 유명 브랜드의 값비싼 청바지를 샀다는 의미를 전달하려면 designer를 씁니다. 또는 brand name도 괜찮고요. 그리고 청바지는 jean이 아니라 jeans인데, 앞에 a pair of(쌍)를 넣어 a pair of jeans라고 말합니다. 한국에서도 '청바지 한 벌'이라고 하잖아요? 물론 '한 벌'이라는 단어가 들어가는 모든 옷에 a pair of를 적용하지는 않지만요. 쉽게 생각하면, 자기 몸 위에 입거나, 달거나 또는 신는 것들이 쌍으로 나온다면 a pair를 씁니다. 예문을 올바르게 수정하면 I purchased a pair of designer jeans입니다.

The supermarket is smaller than the convenient store.
그 슈퍼는 편의점보다 작습니다.

한국에서는 동네에 있는 식품점이나, 구멍가게를 통틀어 '슈퍼'라고 합니다. 여기서 '슈퍼'라는 단어를 잘 생각해 보면 우리가 콩글리시를 쓴다는 것을 알 수 있습니다. 단어 앞에 super가 붙으면 '대단히, 보통보다 더 큰'이 됩니다. super-rich는 무지무지한 부자, superstructure은 무지 높은 구조물, super-size는 아주 큰 사이즈, superman(슈퍼맨)은 우리가 다 알다시피 가장 힘이 센 superhero(슈퍼히어로)입니다. 이렇다 보니, 원어민들은 supermarket을 우리처럼 작은 식품점이 아닌 대형 마트로 이해합니다. 작은 식품점은 grocery store라고 해야 합니다. 그럼 편의점은 왜 convenient store가 아닐까요? 형용사가 아닌 명사 convenience가 store 앞에 와야 하기 때문입니다.

😊 식료품 구입

I generally shop for groceries once/twice/ three times a week.
대개 일주일에 한 번/ 두 번/ 세 번 식료품을 사러 갑니다.

I shop at a local grocery chain.
근처 식료품 체인점에서 쇼핑합니다.

I drive to a supermarket a few kilometers from my home.
저희 집에서 몇 킬로미터 떨어진 대형 마트로 운전해서 갑니다.

I usually pick up fresh [grocery item].
주로 신선한 [식료 품목]을 삽니다.

vegetables
채소

Normally I try to go in the middle of the day/ late in the evening to avoid the bustle.
보통 혼잡을 피해서 한낮에/ 저녁 늦게 가려고 합니다.

[Person] often joins me.
[사람]이 자주 저와 함께 합니다.

my roommate
룸메이트

식품점 품목

채소	vegetables	과일	fruit
유제품	dairy products	고기	meat
생선	fish	해산물	seafood
가금류	poultry	음료수	beverages
냉동류	frozen products	빵류	baked goods
과자류	snacks	통조림류	canned goods

😊 향후 사고 싶은 물건

I would like to buy a new [item].

새 [물품]을 사고 싶습니다.

computer
컴퓨터

I've been saving up for a new [item].

새 [타 수집 대상물]을 위해 저축을 하고 있습니다.

bed
침대

My dream is to buy a [item].

[물품]을 사는 게 제 꿈입니다.

car
자동차

10 요리와 외식

Cooking & Eating Out

요리하기

COOL her

손수 만든 음식을 아주 좋아해요.

❌ **I love** handmade **food.**

I love homemade **food.**

'손으로 만든'이라는 의도 자체는 맞습니다만, handmade는 음식에는 해당되지 않습니다. '집에서 만들다'라는 뜻을 바탕으로 homemade라고 하지요. 물론 식당에서도 그곳 요리사가 직접 만든 디저트 등을 homemade라고 표시할 때가 있습니다. 그리고 좀 무시무시한 얘기지만, 음식뿐만 아니라 집에서 만든 총(gun)이나 폭탄(bomb)도 homemade에 해당됩니다. 전반적으로 handmade로 볼 수 있는 것들은 손의 섬세한 움직임이 요구되는 공예품(handcrafts), 가구, 스웨터 같은 것들입니다.

I love to cook.

요리하는 걸 아주 좋아합니다.

I do most of my cooking from scratch.

제가 하는 요리는 대부분 다 기본 재료로 만듭니다.

I cook for myself when I'm home.

집에 있을 땐 제 자신을 위해 요리합니다.

I do the cooking for the family.

가족들을 위해 제가 요리합니다.

 Step Up   **Cooking is my thing.**

요리하는 것을 좋아합니다.

자신의 취향이라고 생각하는 것이면 뭐든지 my thing이 될 수 있습니다.
학교 과목일 수도 있고 스포츠 종목일 수도 있겠지요.

I cook on the weeknights/weekends.

평일 밤/ 주말에 요리를 합니다.

I cook every day.

매일 요리를 합니다.

I cook breakfast/lunch/dinner for my husband/wife/family.

제 남편/ 아내/ 가족들을 위해 아침/ 점심/ 저녁 식사를 만듭니다.

Step Up

My wife and I take turns cooking.

저와 제 아내는 번갈아 가면서 요리를 합니다.

take turns는 뭔가를 교대로 한다는 겁니다. 집안일뿐만 아니라 번갈아
가면서 하는 일에는 모두 이 표현을 쓸 수 있습니다.

I cook well-being food.

저는 웰빙 음식을 요리해요.

'웰빙'이라는 단어가 한국에 상륙한지 꽤 되었는데 아직도 그 열기
는 식을 줄 모르고 있습니다. 물론 좋은 현상이지요. 근데 한국 사
람들 대부분이 well-being을 '건강한'으로 인식하고 여러 음식 앞
에 붙이지만, 실제로 영어로 이런 음식은 well-being food가 아니
라 healthy food입니다. well-being은 심신이나 금전적인 '안녕,
건강'과 '행복'이라는 의미를 가진 명사로 food 같은 단어 앞에는
쓰지 않습니다.

😊 자주 하는 요리

I do a lot of stew/soup.

스튜/ 수프를 자주 만듭니다.

I cook a lot of beef/pork/chicken/fish.

쇠고기/ 돼지고기/ 닭고기/ 생선 요리를 많이 합니다.

I usually cook Korean food.

보통 한식을 요리합니다.

I try to do a different dish each time.

매번 다른 음식을 하려고 애씁니다.

Most days, I like to cook something simple.

거의 매일 간단한 요리를 즐겨 합니다.

I use good material.

저는 좋은 재료를 써요.

'재료'가 material은 맞지만, '음식 재료'를 말할 때는 ingredient 라고 합니다. 그리고 재료가 단지 하나는 아니므로 복수형인 ingredients가 맞습니다.

 잘하는 요리

I think I'm pretty good at making [dish].

제가 [요리 종류]를 좀 잘 만든답니다.

I make good [dish].

[요리 종류]를 잘 만듭니다.

chicken curry
치킨카레

soup
수프

 Step Up

I make a mean dish of pasta.

저는 파스타 요리를 기막히게 합니다.

여기서 mean은 '사나운'이 아니고, '기막힌, 훌륭한'이라는 뜻입니다. 요리 뿐만 아니라 다른 솜씨에서도 적용이 되지요. 예를 들어 He plays a mean game of golf는 "그는 골프를 기막히게 잘 친다"라는 뜻입니다.

요리를 하는 이유

It's fun trying out new recipes.

새로운 요리법을 시도하는 것이 재미있습니다.

My husband/wife/family loves my cooking.

제 남편/ 아내/ 가족이 제 요리를 좋아하거든요.

My family appreciates it.

제 가족이 고마워합니다.

Cooking is relaxing/fun/creative.

요리하는 게 편안합니다/ 재미있습니다/ 창조적입니다.

A True Story

A Fish Story

낚시한 생선을 멋지게 회로 뜨는 것도 요리라고 할 수 있을까요? 취미가 될까요? 둘 다 맞습니다. 그럼 회 뜨는 과정을 표현하기가 쉬울까요? 진정한 노하우가 있다면 쉽습니다. 몇 년 전 스피킹 테스트를 앞둔 회를 잘 뜨는 회사원 한 분이 저에게 그걸 어떻게 쉽게 설명하냐고 하소연을 했습니다. 단어를 많이 모른다는 거였습니다. 하지만 저는 한번 손을 움직여 가면서 한국말로 해보라고 했습니다. 그분은 한국말로 하는 건 쉽다고 하시더군요. 과정을 설명하면서 목소리에서 절로 즐거움이 흘러나왔습니다. 그런 후 chopping board(도마)와 몇 개의 단어만 알려 드렸습니다. 이제 똑같이 손을 움직이면서 영어로 해보라고 했습니다. 며칠을 지속적으로 훈련을 했지만 문장을 일부러 외우진 않았습니다. 그냥 말하기 연습을 했지요. 얼마 후 1대1 스피킹 테스트에서 취미 관련 질문이 나왔고 그분은 high 중급 점수가 나왔습니다. 이분처럼 자기가 정말 좋아하는 것에 대해 몸을 움직여 가며 영어로 연습해 보면 좋은 결과가 있을 수 있습니다.

음식이 맛있어요.

❌ **The food is** delicious.

◎ **The food is** really good.

첫눈에는 틀린 부분이 없어 보이는 문장이지요? 문법상으로도 맞습니다. 다만 delicious라는 단어의 뉘앙스가 걸리는데요. 어떤 음식이 맛이 좋은 편이면 한국 사람들 입에서 delicious라는 말이 절로 나오지요. 거기다가 '맛이 없다'를 흔히 'not delicious'라고 하기도 합니다. 하지만 delicious는 대충 맛있는 것이 아닌 '무지하게 맛있다'를 뜻합니다. 아무리 잘 해 먹더라도 delicious한 음식을 매일 먹을 순 없잖아요? 그러니 '맛있다'를 표현하고자 한다면, It's good으로, 조금 더 맛있다면 It's really good이라고 하세요. 정말 맛있는 것만 delicious라고 하면 됩니다. 반면 맛이 별로 없으면 It's not very good이라고 하면 되고요.

외식의 빈도

I dine out a lot.

외식을 많이 합니다.

I don't cook much, so I eat out often.

거의 요리를 하지 않기 때문에 자주 외식합니다.

I probably eat out once/twice/[number] times a week/month.

아마 일주일/ 한 달에 한 번/ 두 번/ [숫자]번 외식할 겁니다.

I usually go out to eat on the weekends.

주말마다 외식하러 갑니다.

좋아하는 음식점 종류

I really like going to [restaurant type] restaurants.

[음식점 종류]음식점 가는 걸 정말 좋아합니다.

[Restaurant type] restaurants are probably my favorite.

아마 [음식점 종류]음식점을 가장 좋아할 겁니다.

Chinese
중국의

Italian
이탈리아의

음식점 종류 places to eat

다이너	diner	델리	deli
바	bar	카페테리아	cafeteria
음식 매점	food kiosk	푸드 트럭	food truck

The restaurant has live fish.
그 식당엔 활어가 있어요.

한영 사전에서는 '활어'를 live fish라고 하더군요. 맞긴 합니다. 그러나 음식점을 얘기할 때 live fish를 쓰면 다소 어색합니다. 이런 경우에는 fresh fish(신선한 생선)가 좋은 대안입니다. 참고로 회는 raw fish 또는 일본어인 sashimi라는 단어를 씁니다.

 잘 다니는 음식점

We frequent a place called [restaurant name].
우리는 [음식점 이름]이라는 곳에 자주 갑니다.

Udon Love
우동러브

I like going to [restaurant name].
저는 [음식점 이름]에 가는 걸 좋아합니다.

The Grill
더 그릴

The restaurant is called [restaurant name].
그 식당 이름은 [음식점 이름]입니다.

Chinese Garden
차이니즈 가든

위에서 frequent는 동사로 '자주 가다'라는 뜻입니다.

Step Up | ### It's a small hole-in-the-wall.
거긴 비좁고 허름한 집입니다.

'벽에 있는 작은 구멍'이라고 하는데, 한국에도 이런 식당들이 있지요.
큰길에서 떨어져 비좁고 장식도 별로 없지만 맛집인 식당말입니다.

I usually take my husband/wife/family.

주로 남편/ 아내/ 가족을 데리고 갑니다.

My boyfriend/girlfriend and I go out for dinner a lot.

남자 친구/ 여자 친구와 저는 저녁을 먹으러 많이 나갑니다.

I normally get together with friends at a restaurant.

보통 음식점에서 친구들과 같이 만납니다.

😊 좋아하는 이유

The food is really good.

음식이 아주 맛있습니다.

It has a great atmosphere.

거기는 분위기가 아주 좋습니다.

They use fresh ingredients.

신선한 재료를 사용합니다.

The service is great.

서비스가 아주 좋습니다.

They have a diverse menu.

메뉴가 다양합니다.

The prices are good.

가격대가 좋습니다.

The [food or drink] is/are on the house.

[음식이나 음료]가 서비스로 나옵니다.

vegetables
야채

'서비스'는 콩글리시이지요. 영어로 on the house가 맞습니다.

The price is expensive.
가격이 비싸요.

한국말로 '가격이 싸다'나 '가격이 비싸다'는 영어로 직역되지 않습니다. 그냥 A is cheap과 A is expensive입니다. 굳이 price라는 단어를 쓰고 싶다면 The price is low(가격이 낮다)와 The price is high(가격이 높다)로 표현해야 합니다.

It has a good taste.
맛이 좋아요.

'맛이 좋다'는 위에서 언급한 것처럼 It is good을 써도 손색이 없지만, '맛'이라는 뜻을 넣으려면 tasty(맛있는)라는 단어를 사용하면 됩니다. 그러면 위 문장을 It is tasty로 바꾸어 써야겠지요.

😊 좋아하는 메뉴

It's [taste] but [taste].
[맛 종류]면서도 [맛 종류]합니다.

It's got a lot of [ingredient] in it.
[음식 재료]가 많이 들어가 있습니다.

sweet	sour
달콤한	시큼한

sugar
설탕

It has an exotic taste.

이국적인 맛입니다.

It comes with [dish] and [dish].

[음식]과 [음식]이 함께 나옵니다.

rice   potatoes
밥   감자

The beef/pork/chicken/fish is [cooking method].

쇠고기/ 돼지고기/ 닭고기/ 생선은 [요리 방법]이 되어 나옵니다.

grilled
그릴에 구운

맛 종류 taste

짠	salty	매운	spicy
신	sour	단	sweet
싱거운	bland	쓴	bitter
기름진	rich	기름기많은	greasy
아삭아삭한	crunchy	크림같은	creamy
바삭바삭한	crispy	쫄깃한	chewy
순한	mild	즙이 풍부한	juicy

요리 방법 cooking method

그릴에 구운	grilled
오븐에 구운	baked
오븐 그릴로 구운	broiled
오븐 속에서 구운	roasted
삶은	boiled
튀긴	fried
찐	steamed
볶은	stir fried

Japchae consists of many vegetables.

잡채는 많은 야채로 이루어졌어요.

요즘 들어 많이 달라지고 있긴 하나, 현재 영어 때문에 괴로워하는 많은 분들을 보면 어렸을 때부터 영어를 구어체적인 언어로 인식하지 않고, 어렵기만한 학문이며 문법이 뒤섞인 언어로 본 경우가 많았습니다. 그러다 보니 "잡채는 야채가 많아요"와 같이 쉬운 말도 먼저 어렵고 격식을 차린 한국말로 옮긴 다음, 다시 영어로 번역해서 말을 하는 습관이 들었지요. 그렇게 해서 결국 나온 말은 "잡채는 많은 야채로 이루어졌습니다"인데 콩글리시입니다. 잡채는 맛있는 한국 전통 음식이지 화학적 요소로 이루어진 화합물이 아니잖아요? 따라서 Japchae comes with lots of vegetables이라고 하는 것이 더 자연스럽습니다.

11 공연

Performances

뮤지컬은 재미있어요.

 Musical is interesting.

 Musicals are fun.

앞에서 나온 '맛있다'를 영어로 delicious로 인식했듯이 '재미있다'를 interesting으로 생각하는 경우가 많습니다. interesting은 어떤 흥미로운 제안을 받거나 생각을 하게끔 자극 받았을 때 쓰는 말로 '즐겁다'는 뜻과는 다르지요. 원어민에게 자신이 본 영화나 책, 공연 등이 interesting했다고 하면 별 볼 일 없는 경험을 한 걸로 오해 받을 겁니다. 그러니 fun(재미있는)이나 exciting(흥미진진한), 또는 enjoyable(즐거운) 등을 쓰면 의미 전달이 더 잘되겠지요. 그리고 계속 언급했듯이 musical 같이 복수형으로 쓸 수 있는 단어는 복수형을 쓰세요.

좋아하는 공연 종류

I love watching [performance type].

[공연 종류] 보는 걸 매우 좋아합니다.

plays
연극

I like going to [performance type].

[공연 종류] 보러 가는 걸 좋아합니다.

ballets
발레

 공연 관람 빈도

I tend to go once/twice/[number] times a week/month/year.

일주일/ 한 달/ 일 년에 한 번/ 두 번/[숫자]번 가는 편입니다.

four
4

I make it a habit to go at least once/twice/ [number] times a week/month/year.

적어도 일주일/ 한 달/ 일 년에 한 번/ 두 번/[숫자]번 가는 것으로 습관을 들였습니다.

I go practically every week/weekend.

거의 매주/ 주말마다 갑니다.

I go whenever I get the chance.

기회가 생길 때마다 갑니다.

Step Up

I try to go whenever there's a big name in town.

제가 사는 도시에 유명인이 올 때마다 가보려고 합니다.

a big name은 직역으로 '큰 이름,' 즉 누구나 다 아는 유명인이지요. 그리고 여기서 in town은 '소도시 안'이라는 뜻이 아니고 그게 읍이든, 광역시든, 서울이든, 어디든지 자신이 사는 곳이라는 뜻입니다.

 공연장을 언급할 때

It's a [performance venue] that's close to where I live.

theater
극장

거긴 제가 사는 곳에서 가까운 [공연 장소]입니다.

The theater is near a college campus.

극장은 대학 캠퍼스 근처에 있습니다.

It's one of the largest theaters/concert halls in Korea.

그곳은 한국에서 가장 큰 극장/ 콘서트장 중 하나입니다.

I usually go to the Seoul Arts Center/the LG Art Center/Sejong Center/[performance venue].

주로 예술의 전당/ LG아트센터/ 세종문화회관/ [공연 장소]에 갑니다.

 그곳에 자주 가는 이유

It's easy to get to.

가기 쉽습니다.

The stage is visible from any seat there.

어떤 좌석에서도 무대가 보입니다.

The best performances are held there.

최고의 공연들이 그곳에서 열립니다.

The seats are comfortable.

좌석이 편안합니다.

It has good acoustics.

음향 시설이 좋습니다.

186　☺　Part III

[Person] usually joins me.

보통 [사람]이 저와 함께 갑니다.

My wife
아내

Depending on the performance, I take different people.

공연에 따라 다른 사람을 데리고 갑니다.

I recently went to a [performance type].

최근 [공연 종류]에 갔습니다.

concert
콘서트

[Performer] was on a world tour.

[공연하는 유명인]이 월드투어를 했습니다.

Elton John
엘튼 존

It was a sold-out show.

그 쇼는 매진되었습니다.

I managed to get a ticket.

입장권을 간신히 구했습니다.

The [performance venue] was really packed.

[공연장 종류]는 사람들로 꽉 찼습니다.

auditorium
강당

The [performance type] was called [performance name].

[공연 종류]의 제목은 [공연 제목]이였습니다.

musical
뮤지컬
Mama Mia
〈마마미아〉

It's was a great performance.

대단한 공연이었습니다.

It was really energetic.

정말 열정적이었습니다.

The acting/singing/dancing/performance was nearly flawless.

연기/ 노래/ 춤/ 공연은 거의 흠잡을 데가 없었습니다.

I laughed a lot.

많이 웃었습니다.

It was quite moving.

가슴이 매우 뭉클했습니다.

공원과 동물원, 박물관

Parks, Zoos & Museums

놀이공원에 가는 걸 좋아해요.

 I like going to thema park.

I like going to amusement parks.

앞에서 언급한 것처럼 테마는 영어로 theme입니다. 그리고 theme park는
놀이공원 회사들이 만들어 쓰는 말로 일반적으로 통용되는 표현이 아닙니다.
대부분의 원어민에게는 amusement park(놀이공원)로 통합니다. 이때 park
는 복수형인 parks로 바꿔야 합니다.

I like going to amusement parks/zoos/museums.

놀이공원/ 동물원/ 박물관에 가는 걸 좋아합니다.

There's a(n) amusement park/zoo/museum that I visit quite often.

꽤 자주 방문하는 놀이공원/ 동물원/ 박물관이 있습니다.

I really like taking my family to amusement parks/zoos/museums.

놀이공원/ 동물원/ 박물관에 가족을 데리고 가는 걸 정말 좋아합니다.

There's a small park near where I live.

제가 사는 곳 근처에 작은 공원이 있습니다.

There's a major park not too far from where I live.

제가 사는 곳에서 멀지 않은 곳에 큰 공원이 하나 있습니다.

I go there quite a lot.

거길 꽤 자주 갑니다.

I go mostly in the summer/fall/winter/spring.

주로 여름/ 가을/ 겨울/ 봄에 갑니다.

I like to go on the weekdays/weeknights/weekends.

평일/ 평일 밤/ 주말에 갑니다.

I go there every morning/evening.

아침/ 저녁마다 갑니다.

I go once/twice/[number] times a week/ month/year.

five
5

일주일/ 한 달/ 일 년에 한 번/ 두 번/ [숫자]번 갑니다.

I've been there once, and I plan to go again this year.

한 번 간 적이 있는데, 올해도 갈 계획입니다.

😊 함께 가는 사람들

I usually take my husband/wife/kids/family.

보통 남편/ 아내/ 아이들/ 가족을 데리고 갑니다.

My friends and I like going there.

저와 친구들은 거기에 가는 걸 좋아합니다.

I like going there alone.

혼자 가는 걸 좋아합니다.

Sometimes [person] joins us but usually I go with [person].

my older sister
누나
my wife
아내

가끔씩 [사람]이 같이 가지만 보통 저는 [사람]과 함께 갑니다.

😊 단지/ 동네 공원의 특징

I can stroll through the park/along the waterfront.

공원을/ 물가를 산책할 수 있습니다.

There's a long/short jogging path.

긴/ 짧은 조깅길이 있습니다.

People can use the outdoor exercise equipment there.

사람들은 거기 있는 야외 운동 기구를 사용할 수 있습니다.

Some people walk their dogs.

어떤 사람들은 개를 산책시킵니다.

My kid(s)/brother(s)/sister(s) love playing in the playground.

제 아이(들)/ 남자 형제(들)/ 여자 형제(들)은 그 놀이터에서 노는 걸 좋아합니다.

한국에는 아파트가 밀집되어 있는 불편함도 있는 반면, 단지 내에 작은 공원들이 아주 잘 꾸며져 있습니다. 놀이터도 있고, 나무도 많이 심어 놨고, 가벼운 운동도 할 수 있도록 디자인을 해놨지요. 이런 주거 환경을 낯설게 느낄 수 있는 외국인들에게 아파트 단지에 있는, 또는 동네에 있는 작은 공원을 설명할 때는 자세하게 묘사해야 그들 머릿속에 그림이 잘 그려질 겁니다.

😊 도시/ 공원의 특징

It's a good place to go inline skating/cycling.

그곳은 인라인스케이트/ 자전거 타기에 좋은 곳입니다.

There's a laser show every night.

매일 밤 레이저 쇼가 있습니다.

There's a ferry that takes people down the river/stream/lake.

사람을 태우고 강/ 천/ 호수를 운행하는 페리호가 있습니다.

It has a nice botanical garden.

좋은 식물원이 있습니다.

There's a fireworks show on special days.

특별한 날에는 불꽃놀이를 합니다.

I can sometimes catch special performances there.

때때로 거기서 특별 공연을 볼 수가 있습니다.

😊 놀이공원/ 동물원/ 박물관에서 하는 일

We can go on the amusement rides.

놀이 시설을 탈 수 있습니다.

We can pet the animals.

동물들도 쓰다듬어 줄 수 있습니다.

I get a chance to see a lot of paintings and sculptures.

많은 그림과 조각을 볼 기회가 있습니다.

There are many ancient relics and potteries there.

그곳에는 많은 고대 유물과 도자기가 있습니다.

✦ 운동에 대한 expressions는 1. Sports & Games를 참조하세요.

😊 그곳이 좋은 이유

My kids like going.

아이들이 가는 걸 좋아합니다.

It's a good place to unwind.

긴장을 풀기에 좋은 곳입니다.

I think it's a good educational experience.

교육상 좋은 경험이라 생각합니다.

It's a good place for a family to go.

가족이 가기에 좋은 장소입니다.

13 인터넷과 스마트폰

Internet & Smartphones

인터넷을 매일 검색해요.

 I explore **the Internet every day.**

◉ I surf **the Internet every day.**

explore 역시 '탐색한다'는 우리말을 직역해서 나온 말인 듯 싶습니다. PC 의 기본 browser(브라우저) 프로그램인 Internet Explorer란 도구가 있지 만, 영어로는 흔히 인터넷을 surf(인터넷상의 정보를 찾아 다니다)한다든지 browse(둘러보다)한다고 하면 됩니다.

I probably surf the Internet for [number] or
[number] hours a day.

five	six
5	6

아마 하루에 [숫자] 또는 [숫자] 시간 동안 인터넷 서핑을 할 겁니다.

My Internet browser is always open when I'm
on the computer.

제가 컴퓨터를 사용할 때는 인터넷 브라우저가 항상 열려 있습니다.

When I'm at work, I'm constantly using the
Internet.

직장에 있을 때 저는 계속 인터넷을 사용합니다.

I'm on the Internet as soon as I get home.

집에 오자마자 인터넷에 접속합니다.

I get on the Internet first thing in the morning.

일어나자마자 인터넷을 접속합니다.

first thing in the morning은 '아침에 첫째로 하는 것'이란 뜻으로
사실상 눈 뜨자마자 하는 것을 의미합니다.

 Step Up I'm online all day.

하루 종일 인터넷을 해요.

I'm online은 자신이 인터넷과 연결되어 있다는 말, all day는 깨어 있는
시간을 통틀 정도라는 말입니다.

I use the Internet mostly for e-mail.

주로 이메일을 사용하기 위해 인터넷을 이용합니다.

I browse the Internet to search for information.

정보 검색을 위해 인터넷을 둘러봅니다.

I check for breaking news.

뉴스 속보를 확인합니다.

I need to use the Internet for work/school.

일/ 학교 때문에 인터넷을 써야 합니다.

I use [portal site] the most.

[포털 사이트]를 가장 많이 씁니다.

Google
구글

It's a(n) [website type].

[웹사이트 종류]입니다.

online bookstore
온라인 서점

It's the company website.

회사 웹사이트입니다.

The site is a lot like Yahoo/Google/Bing.

그 사이트는 야후/ 구글/ 빙과 많이 비슷합니다.

It's my personal blog.

저의 개인 블로그입니다.

For searches in English, I use [search engine].

영어 검색을 할 때에는 [검색 엔진]을 사용합니다.

Yahoo
야후

The layout is user-friendly.

레이아웃이 사용자 친화적입니다.

It's got a great search engine.

아주 좋은 검색 엔진이 있습니다.

I can get the latest news.

최신 뉴스를 볼 수 있습니다.

I love the speed of its searches.

검색 속도가 마음에 듭니다.

It has a lot of usable features.

쓰기 편리한 특성이 많이 있습니다.

It has easy-to-use icons.

사용하기 쉬운 아이콘들이 있습니다.

It contains a lot of information on [topic].

[주제]에 관한 정보가 많이 있습니다.

astronomy
천문학

It's a great site to download music/movies.

음악/ 영화를 다운받기에 아주 좋은 사이트입니다.

😊 사이트의 사용 목적

I use it to search for information.

정보를 찾는 데 사용합니다.

I mostly use it to post pictures/messages.

주로 사진/ 메시지를 올리는 데 사용합니다.

I use it to keep contact with my friends.

친구들과 연락을 유지하는 데 사용합니다.

I'm taking online courses.
인터넷 강의를 듣고 있습니다.

I play online games.
온라인 게임을 합니다.

I watch online videos.
인터넷 동영상을 봅니다.

I use online banking.
온라인 뱅킹을 이용합니다.

I don't have a home page.
저는 홈페이지가 없어요.

최근 한국에서도 '홈페이지'라는 말이 서서히 '웹사이트'로 바뀌는 추세인 것 같은데, home page는 website 안에 있는 초기 페이지를 말합니다.

☺ 인터넷의 유용성

It's the best source for information.
정보를 찾을 수 있는 최고의 소스입니다.

It's easy to watch videos and listen to music.
동영상을 보고 음악을 듣기 편합니다.

I can do online stock trading/banking.
온라인 주식 거래/ 뱅킹을 할 수 있습니다.

Downloading files is easy.

파일을 다운받기 쉽습니다.

It's a vital tool for exchanging information with friends/co-workers/clients/classmates/teachers.

친구들/ 직장 동료들/ 고객들/ 반 친구들/ 선생님들과의 정보 교환에 필수적인 도구입니다.

Internet allows me to keep up with friends.

인터넷은 친구들과 계속 연락하고 지낼 수 있도록 해줍니다.

It's convenient shopping online.

온라인으로 쇼핑하기 편리합니다.

There are many great games online.

재미있는 온라인 게임이 많습니다.

I can get online from almost anywhere now.

이제는 거의 어디서든지 인터넷에 접속할 수 있습니다.

I'm not sure if I can live without the Internet.

인터넷 없이 살 수 있을지 모르겠습니다.

 스마트폰

I also use my smartphone to access the Internet.

인터넷에 접속하기 위해 스마트폰도 이용합니다.

I use my smartphone when I'm out.

밖에 있을 때 스마트폰을 사용합니다.

My hand phone is a smartphone.

제 휴대 전화는 스마트폰입니다.

제가 아는 한국에 사는 원어민들이 의외로 마음에 들어 하는 콩글리시가 바로 '핸드폰'입니다. 영어로 통하는 휴대 전화(mobile phone), 셀 방식의 휴대 전화(cellular phone) 또는 이것의 준말인 cell phone보다는 사실 hand phone이라는 콩글리쉬가 더 가슴에 와 닿는 용어이긴 합니다. 손에 쥐는 전화기이니 말도 되는 것 같고요. 하지만 아쉽게도 콩글리시는 아무리 매력적이더라도 콩글리시일 뿐입니다.

외국어 학습
Language Learning

재미 삼아 스페인어를 공부하고 있어요.

 I am studying **Spanish for fun.**

🎯 I am learning Spanish for fun.

한국 사람들은 영어라는 언어를 하도 오랫동안 공부했기에, 다른 언어를 여가 시간에 배울 때도 공부한다는 표현을 씁니다. 반면 원어민들은 학교 과목이 아닌 이상, 타 언어를 습득하려 할 때 그냥 배운다고 합니다. 즉, learning한다고 하는 거지요.

I'm learning [language].

저는 [언어]를 배우고 있습니다.

Japanese
일본어

I'm teaching myself [language].

[언어]를 독학하고 있습니다.

Chinese
중국어

Step Up I recently took up Spanish.

최근 취미 삼아 스페인어를 배우기 시작했어요.

앞에 Sports & Games 중 '운동하기'에서 나온 I took up golf last year (저는 작년에 골프를 시작했습니다)처럼 I took up에 언어를 붙이면 그 언어를 배우기 시작했다는 말이 됩니다. 우리가 학교에서 배우는 영어는 take up하는 게 아니지만요.

I bought a [language] book.

[언어]책을 구입했습니다.

French
프랑스어

I'm learning online.

온라인으로 배우고 있습니다.

I got a tutor.

과외 선생이 있습니다.

I have a friend who's teaching me.

가르쳐 주는 친구가 있습니다.

I'm doing it for fun.

재미로 그걸 하고 있습니다.

It might help when I start job hunting.

일자리를 찾을 때 도움이 될지도 모릅니다.

I want to get a job with a company from [country].

[나라]계 회사에서 일하고 싶습니다.

China
중국

I'm thinking of moving to [country].

[나라]로 이사 가는 걸 고려 중입니다.

Canada
캐나다

 외국어 학습의 진전

It's not as easy as I thought.

생각했던 것보다 쉽지 않습니다.

It's actually easier than learning English.

사실 영어 배우는 것보다는 쉽습니다.

I'm not sure if I'm improving.

나아지고 있는지 잘 모르겠습니다.

I can speak basic phrases now.

이제 기본 구절들을 말할 수 있습니다.

I'm getting better every day.

매일 더 나아지고 있습니다.

15 애완동물 기르기

Raising Pets

개를 매우 좋아해요.

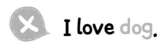 **I love dog.**

I love dogs.

한국에 오래 머무른 원어민들이 I love dog를 들으면, "아, 애완견을 말하는 구나"하지 달리 이상하게 생각하지 않겠지요. 하지만 한국이 아직도 낯선 원어민은 "보신탕을 좋아합니다"라고 이해할 겁니다. I love chicken이 "닭을 좋아합니다"로 들리는 것처럼요. 해결책은 너무나도 간단합니다. 복수형으로 -s를 붙이면 되지요.

I have a dog/cat/hamster/[pet].

저에게는 개/ 고양이/ 햄스터/[애완동물]이 있습니다.

My family owns [number] dogs/cats/ hamsters/[pets].

우리 가족은 개/ 고양이/ 햄스터/[애완동물]을 [숫자] 마리를 기르고 있습니다.

two
2

He is a [breed].

그 녀석은 [종자]입니다.

German Shepherd
저먼 셰퍼드

It's [number] months/year(s) old.

[숫자]개월/ 살 됐습니다.

three
3

His name is [name].

녀석의 이름은 [이름]입니다.

Nick
닉

영어권에서는 애완동물을 대명사로 말할 때 수컷, 암컷으로 구분해서 부르는 것이 일반적입니다. 그리고 개, 고양이나 햄스터처럼 흔한 애완동물이 아니라면 동물 이름 앞에 pet이라는 단어를 붙입니다. 예를 들어 뱀을 키운다면 I have a pet snake라고 하면 됩니다.

[Person] gave me/us the [pet].

[사람]이 저/ 우리에게 [애완동물]을 줬습니다.

My sister   dog
여동생[누나]   개

I needed a guard dog.

경비견이 필요했습니다.

I've always had pets.

항상 애완동물이 있었습니다.

My husband/wife brought the [pet] when we got married.

결혼했을 때 남편/아내가[애완동물]을 데리고 왔습니다.

cat
고양이

I'm raising a baby dog.

강아지를 키우고 있어요.

'강아지'는 영어로 puppy입니다. '새끼 고양이'는 kitten이고요.
다른 애완동물은 거의 다 baby를 앞에 붙이면 되지만요.

😊 애완동물

He/She is potty-trained.

그 녀석은 화장실 훈련이 되었어요.

I/We raise the [pet] inside/outside.

저/우리는 그[애완동물]을 안/바깥에서 키웁니다.

dog
개

He/She craves attention.

녀석은 관심 받기를 열망합니다.

😊 애완견

I usually walk the dog.

보통 제가 개를 산책시킵니다.

He barks at everything.

녀석은 모든 것을 보고 짖어댑니다.

She is gentle.

녀석은 순합니다.

He is part of the family.

녀석은 가족의 일원입니다.

I just love her.

저는 녀석을 정말 사랑합니다.

이때 just는 '그냥, 그저'라는 뜻이 아니라 비격식적으로 '완전히, 정말'이라는 의미입니다.

내가 Home이라고 부르는 곳
고향과 우리 동네는 어떤 곳인가?

영어 면접이든 스피킹 테스트든, 아니면 그저 small talk(한담)이든지 본인의 주거지와 환경을 현실감 있게 설명할 수 있어야 할 때가 있습니다. 여기서 동네의 색깔을 뽑는 것이 좋습니다. 한국관광공사가 내놓은 PR자료를 재구성하는 건 자신의 독창성을 보여주는 게 아니니까요. 자신을 소개하거나 사는 곳을 묘사할 때 자신만의 차별화 전략이 뚜렷할수록 영어 능력이 확실히 돋보인답니다.

또한, 마치 의견이 없거나 정서가 메마른 사람으로 보이게 하지 마세요. 자기 집과 동네를 말할 때 주관적인 의견을 넣어서 설명하세요. There's a small store near my home(제 집 근처에 작은 가게가 있습니다)으로 끝내지 말고, The owner is funny(거기 주인은 웃깁니다)를 붙이는 거지요. 물론 집중하지 않으면 삼천포로 샐 수도 있으니 주의하시고요.

마지막으로 사람은 물론 공간이나 장소를 묘사할 때도 보이는 것만 말하지 말고 들리는 것, 느끼는 것, 심지어 냄새까지도 동원해서 표현해 보세요. 더 많은 말을 할 수 있을 뿐아니라, 더욱 더 생생하고 구체적인 설명이 가능해질 겁니다.

Part IV

집과 동네

Home & Neighborhood

Tell me about where you live.

당신이 살고 있는 곳에 대해 말씀해 주세요.

Tell me about your neighborhood.

당신의 동네에 대해 말씀해 주세요.

집

Home

저희 집은 아파트예요.

 My house is **apartment.**

I live in an **apartment.**

우리는 사는 곳을 전반적으로 '집'이라고 하지만, 영어로는 '집'이 house가 아니라 home입니다. house는 '단독 주택'을 일컫는 말이지요. 그리고 위 문장 형태보다는 '저는 OO에 삽니다'라고 해서 I live in a(n)…유형을 사용해 표현하는 것이 더 좋습니다. 어쨌든 제시된 틀린 문장처럼 관사 an을 빠뜨릴 수 있으니 주의하세요.

I live in a(n) apartment/condo/house/townhouse.

아파트/ 콘도/ 단독 주택/ 연립 주택에서 삽니다.

I live in the school/company dorms.

학교/ 회사 기숙사에서 삽니다.

I live in a studio apartment.

원룸에 삽니다.

It has two/three/four bedrooms.

방이 2/ 3/ 4개 있습니다.

I live with my parents/family.

부모님/ 가족과 함께 살고 있습니다.

I have a roommate/roommates.

룸메이트가 있습니다.

😣

My apartment is in a 20-floor building.

저희 아파트는 20층짜리 건물에 있어요.

The building has 20 floors[stories](그 빌딩은 20층까지 있습니다)에서 20 floors와 20 stories 모두 괜찮지만, 위와 같이 '~층짜리' 가 들어가면 floor 대신 story라고 하는 것이 맞습니다.

I live on the [ordinal number] **floor.**

[서수]층에 살고 있습니다.

fifteenth
15

The apartment building has [number] **floors.**

아파트는 [숫자]층까지 있습니다.

fifteen
15

It's a low-rise/high-rise apartment building.

저층/ 고층 아파트입니다.

I live on the [ordinal number] **floor of a** [number]**-story apartment building.**

[서수]층짜리 아파트의 [숫자]층에서 삽니다.

fifteenth
15
twenty-three
23

There are several small/large balconies.

작은/ 큰 발코니가 몇 개 있습니다.

My building is part of a large apartment complex.

제가 사는 동은 대규모 아파트 단지에 속해 있습니다.

위에서 building이라고 묘사하는 건축물은 우리가 말하는 아파트의 '동'을 의미합니다. 영어권 나라에서는 한국에서 볼 수 있는 대규모 아파트 단지를 찾아보기 어려우므로 필요하다면 자신이 사는 동이 단지로 구성된 많은 동 중 하나라는 것을 설명해야겠지요.

My house is nearby **a river.**

우리 집은 강 근처에 있답니다.

near와의 미묘한 차이 때문에 자주 혼동하는 nearby는 문장에 마침표를 찍기 전에 등장하는 마지막 단어라고 보면 될 겁니다. (물론 형용사로 사용될 때만 빼고 말입니다.) 그런데 제시된 문장에서 nearby는 a river 앞에 와 있잖아요? 그럼 틀린 겁니다. 우리가 원하는 단어는 전치사입니다. near가 바로 전치사 역할을 합니다. 반면 nearby는 '그 근처'라는 뜻으로, 만약 위 문장 대신 My house is nearby(점 찍고)라고 했다면 '우리 집은 여기 근처에 있어요'라는 의미가 됩니다.

 아파트 단지

The complex has [number] buildings.

그 단지는 [숫자]개의 동이 있습니다.

ten
10

There's a small park near the apartment complex.

아파트 단지 근처에 작은 공원이 하나 있습니다.

The complex sits by a(n) mountain/ocean/ lake/river/stream/pond.

단지는 산/ 바다/ 호수/ 강/ 시내/ 못 옆에 있습니다.

✚ 공원에 대한 expressions는 Part 3 Hobbies, Interests & Free Time Activities를 참조하세요.

 단독 주택

It's a single-story/two-story house.

그건 1층/ 2층짜리 주택입니다.

There's a low/high wall around the house.

낮은/ 높은 담이 집을 둘러싸고 있습니다.

There's no fence around the house.

집에 울타리가 없습니다.

I have a small yard.
작은 마당이 있습니다.

I keep a small garden in front of/behind the house.
집 앞에/ 뒤에 작은 정원을 가꾸고 있습니다.

Our house is surrounded by buildings/other houses.
우리 집은 빌딩/ 다른 집으로 둘러싸여 있습니다.

There aren't too many other houses near mine.
우리 집 근처에는 다른 집들이 많지 않습니다.

I live in a villa.
빌라에 살아요.

영어에서 villa는 '호화로운 별장'을 의미하는 단어입니다. 한국에서 말하는 다세대 주택이 아닙니다. mansion(맨션)이라는 단어도 영어에서는 아주 비싼 단독 주택을 의미합니다. 만약 빌라나 맨션에 산다면, villa라는 단어 대신 low-rise condo(저층 콘도)나 low-rise apartment building(아파트 빌딩)을 쓰는 것이 좋을 듯합니다. 흥미롭게도 condominium의 약자인 condo는 영어권에서는 세대마다 주인이 따로 있는 아파트 빌딩을 뜻합니다. 그러니 실제로 임대 아파트만 apartment이고 우리가 말하는 '아파트'는 모두 다 condo인 셈이지요.

집의 종류 home type

아파트	an apartment	단독 주택	a house
연립 주택	a townhouse	원룸	a studio apartment
기숙사	dorm	하숙집	a boarding house

표에서 오피스텔이나 주상 복합이 빠진 이유는 둘 다 영어에는 없는 말이기 때문입니다. 굳이 영어로 표현하자면 오피스텔은 a studio apartment로 설명하는 것이 좋겠고, 주상 복합은 residential-commercial building이라고 번역되며 이렇게 말하면 원어민이 얼추 알아듣기는 하겠지만, 그래도 a modern apartment building으로 표현했으면 합니다.

☺ 예전 집과의 비교

It's a lot roomier than my old apartment/ house.

그곳은 예전 아파트/ 집보다 훨씬 더 넓습니다.

I think my new place is cozier.

새집이 더 아늑하다고 생각합니다.

I think a house/an apartment is better.

집이/ 아파트가 더 나은 것 같아요.

I like the fact that the apartment is more modern.

아파트가 더 현대적이라는 점이 마음에 들어요.

There's a lot of storage space.

수납공간이 많습니다.

We get a lot of sunlight.

햇빛이 많이 들어옵니다.

Everything in the apartment/house is new.

아파트/ 집에 있는 모든 것이 새것입니다.

It's comfortable.

편안합니다.

It has a great view.

전망이 좋습니다.

☺ 집의 단점

There isn't enough storage space.

수납공간이 부족합니다.

We don't get much sunlight.

햇빛이 많이 안 들어옵니다.

The apartment/house is a bit old.

아파트/ 집이 좀 오래되었습니다.

The place is a bit cramped.

집이 좀 비좁습니다.

The rooms are too small.

방들이 너무 작습니다.

내부 분위기

제 방은 지저분해요.

My room is dirty.

My room is messy.

사전에서 '지저분하다'를 찾아보면 dirty, messy, unclean 등이 나온 다는 것을 압니다만, dirty의 명사형이 dirt(먼지/ 때)라는 걸 감안해 보면 dirty는 때나 먼지, 흙 같은 물질로 더럽혀져 있는 상태를 의미 합니다. 문장의 의도는 아마도 양말, 책 등 여러 가지 물건이 너저분 하게 흩어져 있다일 테니 이 경우 messy가 맞습니다.

😊 정돈 상태

It's usually kind of [tidiness].
그곳은 주로 좀[정돈 상태]합니다.

It can get [tidiness] at times.
가끔씩[정돈 상태]할 때도 있습니다.

I try to keep the place/room as tidy as possible.
저는 집/ 방을 될 수 있는 대로 깔끔하게 유지하도록 애씁니다.

messy
너저분한

cluttered
어질러져 있는

My home/room/dorm room is [size/space].

제 집/ 방/ 기숙사 방은[크기/ 공간]합니다.

roomy
널찍한

It's a fairly [size/space] house/apartment/
room.

꽤[크기/ 공간] 집/ 아파트/ 방입니다.

small
작은

It's a little [size/space] for me.

저에게는 좀[크기/ 공간]합니다.

cramped
비좁은

😊 온도/ 느낌

The house/apartment/room tends to get a bit
[temperature/feel].

집/ 아파트/ 방이 좀[온도/ 느낌] 편입니다.

damp
눅눅한

It's pretty [temperature/feel] in the summer/
winter.

여름/ 겨울에는 꽤[온도/ 느낌]합니다.

chilly
쌀쌀한

It's [temperature/feel] all year around.

일 년 내내[온도/ 느낌]합니다.

warm
따뜻한

온도와 느낌 temperature/feel

따뜻한	warm	추운	cold
더운	hot	쌀쌀한	chilly
눅눅한	damp	퀴퀴한 냄새가 나는	musty
답답한	stuffy	먼지투성이인	dusty

My home/room/dorm room is [atmosphere].

저희 집/ 방/ 기숙사 방은 [분위기] 합니다.

cozy
아늑한

The room is really [atmosphere].

그 방은 정말 [분위기] 합니다.

bright
밝은

분위기 atmosphere

편안한	comfy	아늑한	cozy
소박한	simple	화려하게 장식된	ornate
밝은	bright	어두운	dark

The [furniture/equipment] needs to get fixed.

[가구/ 기기]는 수리해야 합니다.

washing machine
세탁기

The wallpapers are peeling.

벽지가 벗겨지고 있습니다.

The drain in the shower stall keeps getting clogged up.

샤워 하수구가 계속 막힙니다.

There's some mildew on the ceiling/wall/tiles.

천장/ 벽/ 타일에 곰팡이가 있습니다.

The [equipment] isn't working.

[기기]는 작동하지 않습니다.

dishwasher
식기 세척기

The faucet leaks.
수도꼭지가 샙니다.

The floor boards need replacing.
마루판은 교체해야 합니다.

또 한 번 우리는 '길이는 길다'와 같은 반복된 함정에 빠지는군요. 일단 한국말로도 위에 있는 틀린 문장에는 '색'이라는 단어가 두 번 나옵니다. blue, green, red 등 영어에서 말하는 색에는 이미 color 자체가 들어가 있습니다. 그러니 green color(초록색 색)처럼 반복해서 말하지 않는 게 좋겠지요.

The walls are wallpapered.

벽에는 벽지가 발라져 있습니다.

The walls are painted [color].

벽은 [색]색으로 칠해져 있습니다.

green
초록(색)

One wall is marble-tiled.

벽 한 쪽은 대리석 타일로 되어 있습니다.

The floor is linoleum.

바닥은 장판입니다.

The floor is done in marble tiles/wood.

바닥은 대리석 타일/ 목재로 만들어져 있습니다.

집에서 보이는 것

As you step inside, you will see the [furniture].

들어설 때 [가구]가 보일 겁니다.

shoe closet
신발장

The glass doors open out to the balcony.

유리문을 열면 발코니입니다.

The window faces another apartment/dorm building.

창문은 다른 아파트/ 기숙사 건물을 마주 보고 있습니다.

The window looks out into the yard/street.

창문은 마당/ 길을 향해 있습니다.

The ceiling is low/high.

천장이 낮/ 높습니다.

The [furniture] is cluttered with [things].

[가구]는 [물건]으로 어수선합니다.

desk books
책상 책

There's a rug/carpet on the floor.

바닥에 러그/ 카펫이 깔려 있습니다.

Straight ahead is the [room/furniture].

똑바로 가면 [방/ 가구]가 있습니다.

living room
거실

On the left/right are the [room/furniture] and the [room/furniture].

왼편/ 오른편에는 [방/ 가구]와 [방/ 가구]가 있습니다.

master bedroom
안방
study
서재

In the left/right corner is the [furniture/appliance].

왼쪽/ 오른쪽 모퉁이에는 [가구/ 기기]가 있습니다.

bookcase
책장

Over the [furniture/appliance] is/are the [furniture/appliance].

[가구/ 기기] 위에는 [가구/ 기기]가 있습니다.

kitchen sink
부엌 싱크대
cupboards
찬장

On top of the [furniture/appliance] are the [appliance] and the [appliance].

[가구/ 기기] 위에는 [기기]와 [기기]가 놓여 있습니다.

counter 조리대
toaster 토스터기
microwave
전자레인지

Under the [furniture] is the [appliance].

[가구] 아래에 [기기]가 있습니다.

desk printer
책상 프린터

Between the [room/furniture/appliance] and the [room/furniture/appliance] is the [room/furniture/appliance].

[방/ 가구/ 기기]와 [방/ 가구/ 기기] 사이에 [방/ 가구/ 기기]가 있습니다.

lamp 스탠드
desk 책상
bookcase 책장

To the left/right of it, there is a(n)/the [room/furniture/appliance].

armchair
안락의자

그것의 왼편/ 오른편에 [방/ 가구/ 기기]가 있습니다.

Next to it is the [room/furniture/appliance].

bathroom
화장실

그 옆에 [방/ 가구/ 기기]가 있습니다.

😊 가구/ 기기를 좋아하는 이유

I love the [furniture] becaue [person] bought it for me.

sofa   my father
소파   아버지

그 [가구]를 [사람]이 사줬기 때문에 아주 좋아합니다.

I've had it for a long time.

그걸 오랫동안 가지고 있었습니다.

It's brand new.

새것입니다.

It's reliable.

그건 믿을 수 있습니다.

I love the texture/color/size.

질감/ 색/ 크기가 아주 마음에 듭니다.

✚ 그림을 보고 p.217-223에 있는 표현 방법을 오른쪽 표에 있는 단어를 사용해 연습해보세요.

한글 단어 뜻 옆에 있는 괄호 안의 단어는 실수하기 쉬운 콩글리시입니다.

1	소파	sofa/couch
2	쿠션 (cushion)	throw pillows
3	스피커	speaker
4	작은 소파 (small sofa)	armchair
5	블라인드	blind
6	천장 / 천장 등	ceiling/ceiling lights
7	벽시계	wall clock
8	(벽걸이)TV	(wall-mounted) TV
9	전화	phone
10	TV받침대	TV stand
11	DVD 콤보	DVD/VCR combo
12	컨버터박스	converter box
13	장식장	display case
14	꽃병	flower vase
15	DVD 장식장	DVD case
16	식물 / 화분	plant/ pot
17	발코니	balcony
18	난간	railing
19	탁자	coffee table
20	카펫 (carpet)	rug
21	작은 탁자	side table
22	에어컨 (air con)	air conditioner
23	초상화	portrait
24	리모콘 (remote con)	remote (control)
25	스탠드 (stand)	lamp
26	바닥	floor

부엌/ 주방 The Kitchen/Dining Room

✚ 그림을 보고 p.217-223에 있는 표현 방법을 오른쪽 표에 있는 단어를 사용해 연습해보세요.

한글 단어 뜻 옆에 있는 괄호 안의 단어는 실수하기 쉬운 콩글리시입니다.

1	찬장	cupboards/cabinet
2	냉동실	freezer
3	냉장고	refrigerator/fridge
4	전자레인지 (electric range)	microwave (oven)
5	스폰지/ 주방 세제	sponge/dishwashing liquid
6	주방싱크	kitchen sink
7	수도꼭지	faucet
8	설거지통	dishpan
9	행주	dishrag
10	전기밥솥	rice cooker
11	콘센트 (concent)	outlet
12	믹서	blender
13	레인지 (range)/ 오븐	stove/oven
14	프라이팬 (fry pan)/ 냄비	(frying) pan/pot
15	환풍기	range hood
16	주전자	kettle
17	종이 타월	paper towel
18	커피메이커	coffee maker
19	토스터	toaster
20	식기세척기	dishwasher
21	카운터	counter
22	식탁	kitchen/dining room table
23	유리컵 (cup)/ 커피컵/ 찻숟가락	glass/coffee cup/teaspoon
24	그릇	plate
25	소금병, 후추병	salt and pepper shakers
26	정수기	water purifier

✚ 그림을 보고 p.217-223에 있는 표현 방법을 오른쪽 표에 있는 단어를 사용해 연습해보세요.

한글 단어 뜻 옆에 있는 괄호의 단어는 실수하기 쉬운 콩글리시입니다.

1	침대커버/ 담요	bedspread/blanket
2	침대매트리스/ 침대머리판	bed mattress/headboard
3	베개/ 베갯잇 (pillow cover)	pillow/pillowcase
4	알람시계/ 손목시계	alarm clock/wristwatch
5	커튼/ 창턱	curtains/window sill
6	침대탁자	night table
7	옷장	(built-in) closet
8	옷걸이/ 옷장 봉	hangers/closet rod
9	원피스 (one-piece)/ 투피스 (two-piece)	dress/(business) suit
10	와이셔츠 (Y-shirt)/ 콤비 (combi)	dress shirt/sports jacket
11	서랍장	dresser/chest of drawers
12	서랍	drawers
13	화장대	vanity/dressing table
14	향수	(a bottle of) perfume
15	브러시 (brush)/ 볼터치 (cheek touch)	hair brush/blusher
16	매니큐어 (manicure)/ 루즈 (rouge)	nail polish/(a tube of) lipstick
17	스킨 (skin)	toner
18	선풍기	electric fan
19	노트북 (notebook)	laptop (computer)
20	노트 (note)/ 볼펜 (ball pen)	notebook/(ball-point) pen
21	샤프 (sharp)/ 화이트 (white)	mechanical pencil/whiteout
22	크레파스 (crepass)/ 본드 (bond)	crayons/glue
23	곽티슈	facial tissues

✚ ⁷여자 향수가 perfume이고 남자 향수는 cologne입니다.

화장실 The Bathroom

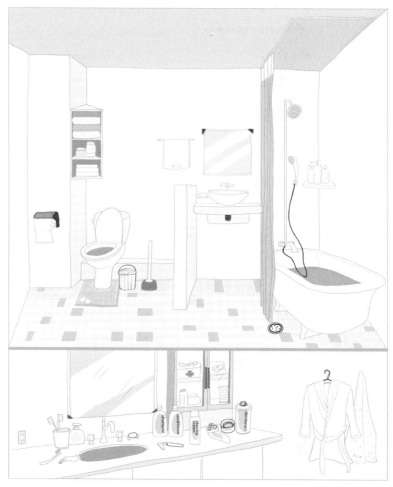

✚ 그림을 보고 p.217-223에 있는 표현 방법을 오른쪽 표에 있는 단어를 사용해 연습해보세요.

한글 단어 뜻 옆에 있는 괄호 안의 단어는 실수하기 쉬운 콩글리시입니다.

1	샤워실 / 욕조	shower stall/bathtub
2	커튼 / 샤워 봉	shower curtain/shower rod
3	수도꼭지 / 샤워꼭지	faucet/shower head
4	배수구 / 쓰레기통	drain/waste basket
5	화장지 / 화장실 걸이	toilet paper/-holder
6	샴푸 / 린스 (rinse)	shampoo/conditioner
7	플런저	toilet plunger
8	변기 탱크 / 변좌 / 변기	toilet tank/-seat/-bowl
9	매트	mat
10	수건걸이	towel holder
11	목욕수건	bath towel
12	약상자	medicine cabinet
13	(물)비누 / 비누 그릇	(liquid) soap/soap dish
14	세면대	bathroom sink
15	욕실수납장	bathroom cabinet
16	(전기) 면도기	(electric) razor
17	면도 크림	shaving cream
18	칫솔 / 칫솔통	toothbrush/-holder
19	반창고 (band)	band-aid
20	데오드란트	deodorant
21	애프터쉐이브 스킨 (aftershave skin)	aftershave
22	목욕 가운	bathrobe

02 동네
Neighborhood

저희 아파트는 좋은 동네에 위치해 있어요.

 My apartment is located in **a good neighborhood.**

My apartment is in **a good neighborhood.**

문법적으로 틀린 영어는 아니지만 located in(~에 위치하고 있다)은 너무 딱딱하게 들리고, 식상할 정도로 많이 쓰인다는 게 문제입니다. 마치 군사 작전이나 도시 계획안에서나 볼 수 있을 듯한 표현으로, 실제로 다소 부적절하게 쓸 때가 많아요. '무엇이 어디에 있다'고 생각을 해보면 〈무엇+is in+어디〉가 쉽게 연상되지 않을까요?

The neighborhood is in the northern/
southern/eastern/western part of Seoul.

동네는 서울 강북/ 강남/ 강동/ 강서 쪽에 있습니다.

The neighborhood is in a large city/a small
town/the countryside.

동네는 대도시/ 소도시/ 지방에 있습니다.

The neighborhood is in a residential/business
area.

동네는 주택가/ 상업 지역에 있습니다.

 전반적인 동네 분위기

I live in a safe/quiet/noisy neighborhood.

안전한/ 조용한/ 시끄러운 동네에 삽니다.

The rents are expensive/cheap.

집세가 비쌉/ 쌉니다.

It's in a trendy district.

첨단 유행 지역에 있습니다.

It's a good place to raise kids.

아이들을 키우기에 좋은 곳입니다.

It's pretty crowded.

꽤 혼잡합니다.

The residents are/aren't very friendly.

주민들은 친절합니다/ 친절하지 않습니다.

It's a fairly upscale neighborhood.

꽤 잘 사는 동네예요.

scale(스케일)이 up인걸 말하는 겁니다. 흔히 돈과 관련된 단어인데, 동네
뿐만 아니라 서비스도 upscale일 수 있고, 레스토랑도 마찬가지입니다.

 근처 환경

It's near a university campus.

대학교 캠퍼스 근처에 있습니다.

It's close to the ocean/mountains.

바다/ 산과 가깝습니다.

You can see farmland from the living room.

거실에서 농지가 보입니다.

There are a lot of trees around.

주변에 나무가 많습니다.

There are a lot of shops nearby.

근처에 가게가 많습니다.

 Step Up

My school is just a stone's throw away.

학교는 엎어지면 코 닿을 데에 있어요.

돌을 던지면 맞을 수 있는 정도의 가까운 거리에 있다는 뜻입니다.

 동네의 장점

I've lived in the neighborhood all my life.

그 동네에서 평생 살았습니다.

All my friends are there.

친구들이 다 거기 있어요.

It's so close to work/school.

회사/ 학교와 아주 가깝습니다.

There are a lot of things to do there.

거기에는 할 수 있는 일이 많습니다.

The subway station is real close.

지하철역이 아주 가깝습니다.

There are a lot of parks nearby.

근처에 공원이 많습니다.

It's not very crowded.

별로 붐비지 않습니다.

 동네의 단점

It's far from work/school.

회사/ 학교에서 멉니다.

It's overcrowded.

너무 붐빕니다.

The streets are always crammed with cars.

길에는 항상 차가 꽉 들어차 있습니다.

There are too many bars.

술집이 너무 많습니다.

It's a little too noisy.

너무 시끄럽습니다.

The [location A] is near the [location B].

[장소 A]는 [장소 B] 근처에 있습니다.

The [location A] is right next to the [location B].

[장소 A]는 [장소 B] 바로 옆에 있습니다.

The [location A] is across from the [location B].

[장소 A]는 [장소 B] 건너편에 있습니다.

The [location A] is between the [location B] and the [location C].

[장소 A]는 [장소 B]와 [장소 C] 사이에 있습니다.

The [location A] is down the street from the [location B].

[장소 A]는 [장소 B]에서 길 아래쪽에 있습니다.

The [location A] is on the left/right side of the [location B].

[장소 A]는 [장소 B]의 좌/우측에 있습니다.

fire station   소방
police   경찰서

gas station   주유
auto repair shop
카센터

donut shop
도넛 가게

bakery   빵집
school   학교

stationery store
문구점

convenience store
편의점

dentist's office
치과

pizza parlor
피자집

post office   우체
library   도서관

✚ p.238-239에 있는 그림을 보고 동네 묘사하기 연습을 해보세요.

 p.236에 있는 표현 방법과 p. 240-241에 있는 단어 표를 활용할 수 있습니다.

 한글 단어 뜻 옆에 있는 괄호 안의 단어는 실수하기 쉬운 콩글리시입니다.

'학원'을 영어로 표기하는 것이 어쩌면 가장 어려운 일 중 하나일 겁니다. private institute 또는 private academy라고는 하는데, 왠지 한국을 모르는 외국인에게 학원이란 의미를 전달하기에는 다소 불충분한 것 같습니다. 하다못해 한국에서 일하는 원어민 강사들조차 '학원'을 그대로 hakwon이라고 말하니까요. 미국 같은 곳에는 learning centers라는 비슷한 곳이 있기에 저는 private learning center(개인 학습 센터)라는 표현을 씁니다.

영어권에서도 한국의 이동 통신 3사처럼 이동 통신 서비스를 제공하는 대기업들이 있습니다. 그리고 한국과 마찬가지로 보통 AT&T Store나 Verizon Store 등으로 대리점마다 회사 이름을 붙여 사용하는 경우가 많습니다. 그러나 특정 회사 이름을 붙이지 않고 말하려면 cellular phone store(휴대전화 가게)가 가장 적합합니다.

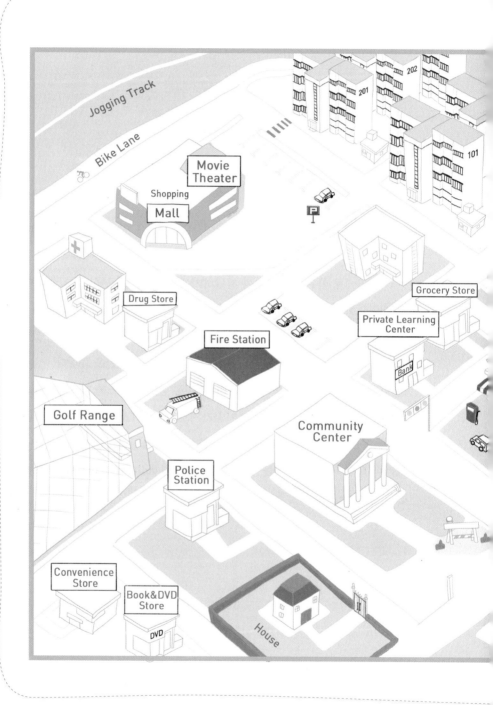

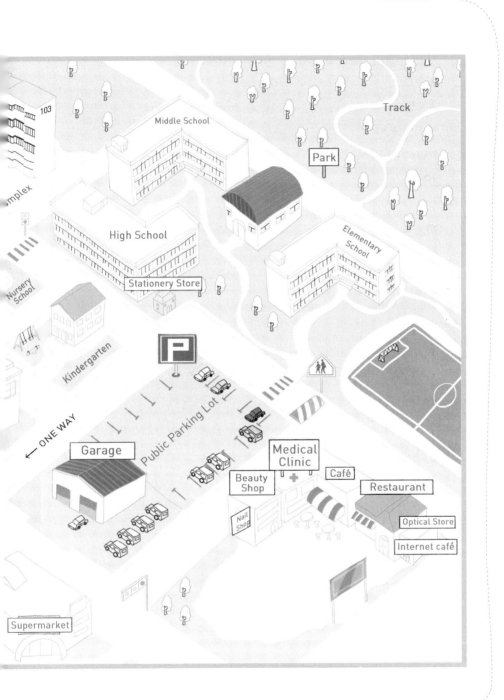

1	아파트 (apart)	apartment complex/condo
2	(공영) 주차장 (parking space)	(public) parking lot
3	놀이터	playground
4	조깅길	jogging path
5	자전거전용 도로	bike lane
6	카센터 (car center)	auto repair shop/garage
7	영화관	movie theater
8	경찰서	police station
9	대형마트 (mart)	supermarket
10	횡단보도	crosswalk
11	DVD 대여점	DVD rental shop
12	시민 문화회관	community center
13	일방통행	one-way street
14	어린이집	nursery school
15	유치원	kindergarten
16	초등학교	elementary school
17	중학교	junior high/middle school
18	고등학교	high school
19	학원 (institute/academy)	private learning center
20	쇼핑몰	shopping mall
21	치과	dentist's office
22	안경점	optical store
23	골프 연습장	golf range
24	카페	café/coffee shop
25	호프집 (hof)	bar
26	지하철역	subway station
27	도서관	library

28	경비실	security guard station
29	인도	sidewalk
30	소방서	fire station
31	과속 방지턱	speed bump
32	어린이 보호 구역	school zone
33	슈퍼 (supermarket)	grocery store/grocer
34	도로/길	road/street
35	주유소	gas station
36	편의점 (convenient store)	convenience store
37	신호등	traffic lights/traffic signal
38	미장원	beauty shop/hair salon
39	책방 (library)	bookstore
40	문구점/문방구	stationery store
41	산책로	trail
42	공사장	construction site
43	약국	drug store/pharmacy
44	개인 병원 (hospital)	medical clinic/doctor's office
45	PC방 (PC room)	Internet café
46	네일샵 (nail shop)	nail salon
47	피자집	pizza parlor
48	버스 정류장	bus stop
49	은행	bank
50	팬시점 (fancy)	gift store
51	이동 통신사 대리점	cellular phone store
52	우체국	post office

이웃들은 친절해요.

❌ **My** neighborhood is kind.

◉ **My** neighbors are nice.

의외로 많이 듣는 오류 중 하나가 아마 neighborhood일 겁니다. 어떤 면에서 보면, 사전적으로 틀린 게 아닐 수도 있지요. neighbors가 모여 neighborhood를 이루기 때문에 얼핏 맞는 표현 같기도 합니다만 일상생활에서 neighborhood는 사는 '동네'이고, 그 동네에 함께 모여 사는 사람들을 neighbors라고 부릅니다. 그리고 kind보다는 nice가 우리가 생각하는 친절함에 더 가깝습니다.

😊 일반적인 이웃

I have great neighbors.
제 이웃들은 아주 좋습니다.

I get along with my [neighbor type] **neighbors.**
[이웃 종류] 사람들과 잘 지냅니다.

next-door
옆집

I don't really like my [neighbor type] neighbors.

[이웃 종류] 사람들을 별로 좋아하지 않습니다.

upstairs
위층

My [neighbor type] neighbors are pretty noisy/ quiet.

[이웃 종류] 사람들은 꽤 시끄럽습니다/ 조용합니다.

downstairs
아래층

They're a family of [number].

그들은 식구가 [숫자] 명입니다.

five
다섯

They're newlyweds.

그들은 신혼부부입니다.

They're a(n) young/elderly couple.

그들은 젊은/ 나이 든 커플입니다.

They recently moved into the apartment/ house next door.

그들은 옆집 아파트/ 단독 주택으로 최근에 이사 왔습니다.

A grandma **lives in the apartment next door.**

할머니 한 분이 옆집 아파트에 사세요.

자신의 친할머니나 외할머니가 grandma이고, 혈연관계가 없는 할머니는 an elderly woman입니다. 할아버지는 an elderly man이고요. 여기서 참고로 old woman, old man은 안 됩니다. 말 그대로 듣기 좋지 않은 '늙은 여자, 늙은 남자'를 의미하니까요.

I usually see my neighbors in the building lobby/elevator.

이웃들을 보통 아파트 로비/ 엘리베이터에서 봅니다.

I see a lot of my neighbors in the [location].

[장소]에서 이웃들을 많이 봅니다.

park
공원

I rarely see my [neighbor type] neighbors.

[이웃 종류] 사람들을 거의 보지 못합니다.

upstairs
위층

 Step Up

I run into my neighbors all the time.

이웃들과 늘 마주쳐요.

뛰다가 부딪치는 것이 아닙니다. 의도적이 아니라 우연히 만나게 되는 걸 run into라고 합니다.

✦ 성격에 대한 expressions는 Part 2 Family & Friends를 참조하세요.

We/Our kids go to the same school.

우리는/ 우리 아이들과 같은 학교에 다닙니다.

My kids are friends with their kids.

우리 애들이 그 집 애들과 친구입니다.

I see them at the [location] almost every [time].

그들을 [장소]에서 거의 매[시간] 봅니다.

school   day
학교   일

I sometimes run into him/her at the local gym/golf range/Internet café/café.

그/ 그녀와 근처 헬스클럽/ 골프 연습장/ PC방/ 카페에서 가끔씩 마주칩니다.

Your Neighborhood through Your Eyes

자신이 거주하는 동네의 특징을 말하려고 하면 머리를 긁적이며 말문이 막히는 경우가 많지요. 한국말로 할 때도 말입니다. 동네들이 얼추 다 비슷비슷하다고 생각할 수 있으니까요. 하지만 동네마다 특색이 있습니다. 제가 영어 면접관으로 접한 대학생들을 보면 대부분 너무나도 뻔한 묘사만 합니다. 부산이면 해운대, 전주면 전주 비빔밥, 서울이면 63빌딩과 한강이 단골 손님으로 등장하더군요. 물론 큰 문제가 되는 건 아닙니다. 그렇지만 상대방에게는 너무 상투적으로 들릴 수 있어요. 이때 차별화 전략을 몇 가지 세워 봅시다. 예를 들어, 반전을 사용하는 겁니다. 부산에 살면 It gets too crowded in the summer, so I go to the mountains(여름에 너무 사람들이 많아서 저는 산으로 갑니다)라든가, 서울 강남에 살면 I spend most of my time in the Hongdae area(저는 홍대 근처에서 대부분의 시간을 보냅니다)라고 말입니다. 아니면 유명지에 관한 언급을 피하고, 동네의 특정 부분을 더 자세히 묘사하세요. The owner at the grocery store always wears pink(슈퍼 주인은 항상 핑크색만 입어요)나 There are so many kids in the playground(놀이터에는 아이들이 무척 많습니다)라고 하는 것처럼요. 물론 이때 본래의 질문에 집중하지 않으면 삼천포로 빠질 수도 있으니 주의하세요.

태어난 곳
Where I was Born

청주를 아세요?

❌ Do you know **Cheongju?**

◉ Have you heard of **Cheongju?**

영어 구사 능력이 어느 정도 되는 분들마저 이런 실수를 합니다. 장소뿐만 아니라 연예인, 한국 전통 음식도 예외가 아닙니다. 들어 보거나, 가 보았거나, 먹어 보았냐는 걸 왜 Do you know로 시작하면 안 될까요? 문제는 know를 무조건 '알다'로 생각해서 직역했기 때문입니다. 일반적으로 Do you know, 이 세 단어는 누구를 개인적으로 아는가를 물을 때 씁니다. 그러니까 어떤 사람이 "Do you know John?"이라고 물으면 "John? No, I know who he is, but I've never met him."라고 대답할 수 있는 것처럼요. 위의 의도에 맞는 질문은 다음 페이지에 있습니다.

장소를 아는지 물을 때

Have you ever heard of [location]?

[장소]를 들어 본 적이 있습니까?

Cheongju
청주

Are you familiar with [location]?

[장소]를 잘 아십니까?

Cheongju
청주

Have you ever been to [location]?

[장소]에 가 본 적이 있습니까?

Cheongju
청주

상대방과의 관계와 상황에 따라 위에 있는 질문 유형 중 하나를 택하시면 됩니다.

My hometown is **Cheongju.**

제 고향은 청주입니다.

Part III에서도 언급했지만 고향을 무조건 hometown이라고 하기에는 무리가 따릅니다. 원래 한국말로 '고향'의 의미는 우선적으로 자신이 '태어나서 자란 곳'이지요. 교통이나 통신이 발달되어 있지 않던 옛날에는 어쩌다 타 지역으로 가서 머물지 않는 이상 자신이 태어난 곳에서 쭉 살면 바로 그곳이 고향이었지요. 하지만 요즘은 어떤 곳에서 태어나 유년 시절에는 다른 장소에서 살다가 대학 시절을 또 다른 곳에서 보낸 뒤 한 번 더 옮겨 지금 사는 곳에서 일을 하게 되는 경우가 있습니다. 서구에서는 이렇게 이사 다니는 경우가 오래 전부터 빈번했으므로 그들이 말하는 hometown이 우리의 '고향'과 딱 일치하지는 않습니다. 더군다나 hometown은 말 그대로 town(소도시)

입니다. hometown은 정말 작은 시골 마을입니다. 그러니 보통 대도시에서 태어난 사람들이 암만 토박이라도 그곳을 hometown이라고 부르기는 어렵습니다. 따라서 자신이 태어난 곳을 말할 때에는 I was born in이라는 표현을 쓰는 것이 자연스럽습니다.

😊 출생지와 어릴 때 살았던 곳

I was born in [location].

저는 [장소]에서 태어났습니다.

Ulsan
울산

I'm originally from [location].

저는 원래 [장소] 출신입니다.

Gwangju
광주

I grew up in [location].

저는 [장소]에서 자랐습니다.

Bucheon
부천

My family moved to [location] **when I was** [number].

제 가족은 제가 [숫자]살 때 [장소]로 이사했습니다.

Seoul   three
서울   3

Step Up   **I was born and raised in Sokcho.**

저는 속초 토박이에요.

그러니까 born(태어나다)하고 raised(자라다)한 곳이 결국 같은, 그곳 토박이인 셈이지요.

I use **Busan** city language.

저는 부산말을 씁니다.

아마 '사투리'라는 단어를 영어로 바꾸기가 쉽지 않아서 '말'로 대신한 경우인 것 같은데요. 결과는 직역 오류가 돼버렸습니다. 영국이나 미국 같은 영어권에서도 사투리가 있어요. 보통 accent 라고 하는데, 사투리를 쓴다고 하지 않고 사투리가 있다고 합니다. 자신이 사투리를 쓴다는 점은 이야기 전개와 관련되지 않는 이상 불필요한 언급입니다만, 필요할 경우 위의 문장을 수정해 I have a Busan accent라고 표현하세요.

04 우리 동네의 특징

Qualities of My Town/City

저는 대전시에서 살아요.

 I live in Daejeon City.

🎯 **I live in Daejeon.**

세계 도시 중에는 City가 공식적으로 붙는 곳들이 있습니다. New York City 와 Mexico City가 예로 쉽게 떠오르는군요. 하지만 한국의 어느 도시도 국가 나 도시 차원에서 영문 이름에 '시'를 넣은 곳은 없습니다. 한국 사람들끼리 도 대전은 대전으로 통하지 대전시로 통하지 않잖아요? 어색하지 않게 city 라는 단어를 꼭 삽입하려고 한다면, I live in the city of Daejeon이라고는 할 수 있습니다. 하지만 한국을 모르는 외국인에게는 차라리 city를 생략한 I live in Daejeon이라고 한 뒤, It's a major city south of Seoul(서울 남쪽에 있는 주요 도시입니다)이라고 덧붙이는 것이 더 효율적이지요.

I've lived in [city/town] for [number] years.

저는 [시]에서 [숫자]년을 살았습니다.

Daegu	five
대구	5

I've been living in [city/town] since [year].

저는 [시]에서 [숫자]년부터 살고 있습니다.

Busan	2002
부산	

I/My family moved to [city/town] [number] years ago.

저/ 제 가족은 [시]로 [숫자]년 전에 이사했습니다.

Osan	ten
오산	10

I lived in there for two years.

그곳에서 2년을 살았어요.

아파트, 동네나 도시처럼 특정한 장소를 말할 때는 in the apartment, in the neighborhood, in the city가 가능하지만, 위와 같은 경우에는 in을 생략합니다. 왜냐하면 there에 이미 '~에'라는 뜻이 담겨 있으니까요.

지금부터는 자신이 살고 있는 도시나 소도시에 관한 요소들을 정리합니다.

[City/town] is in the [province] province.

[시]는[도의 명칭]도 안에 있습니다.

[City/town] is a stand-alone city and not part of any province.

[시/ 소도시]는 독립적 도시이며 어떤 도에도 속해 있지 않습니다.

[City/town] is part of the island of Jeju.

[시/ 소도시]는 제주도에 속해 있습니다.

영자 신문에서도 제주도를 Jeju Island라고 명하는 경우가 많은데, 구두상으로는 조금 어색합니다. 앞서 언급한 '시'의 경우처럼 the island of Jeju가 더 세련되게 들립니다. Jeju-do도 괜찮습니다.

Cheongju 청주
North Chungcheo▶
충청북
Incheon
인천

Seogwipo
서귀포

There is an island.
그곳은 섬입니다.

위의 문장을 읽으면 마치 '어느 섬이 있다' 같이 들리지 않나요? 하지만 의도는 그 장소는 섬이라는 것일 텐데요. 이런 오류는 there를 '그곳'으로 인식하고, 대명사로 사용해서 나온 겁니다. 어떤 장소를 지칭하는 대명사는 it이므로 There 대신에 It을 써야 합니다.

It is on the west/south/east coast of Korea.

그곳은 한국 서/ 남/ 동해안에 있습니다.

It is surrounded by mountains.

그곳은 산으로 둘러싸여 있습니다.

It is on an island.

그곳은 섬에 있습니다.

It's a seaside/tourist town.

해변가/ 관광 마을입니다.

It has a lot of popular tourist spots.

그곳에는 인기 있는 관광 명소가 많습니다.

The [river] River runs through the [city/town].

[강 이름]강이 [도시/ 소도시]를 가로지릅니다.

Han	Seoul
한	서울

It's near [major city].

[주요 도시] 근처에 있습니다.

Daejeon
대전

You can see many vinyl houses.

비닐하우스를 많이 볼 수 있어요.

일단 우리가 흔히 말하는 vinyl은 영어로는 plastic으로 통합니다. 쇼핑할 때 주는 비닐백도 plastic bag이지요. 비닐하우스는 plastic greenhouse(온실)입니다. '온실 효과'가 영어로 the greenhouse effect잖아요?

There are a lot of good schools in/near the city.

시내/ 시내 근처에 좋은 학교가 많습니다.

It's known for providing quality education.

그곳은 양질의 교육을 제공하는 것으로 알려져 있습니다.

A lot of students go on to top universities.

많은 학생들이 상위권 대학으로 진학합니다.

It has many good private learning centers for kids.

아이들을 위한 좋은 학원이 많이 있습니다.

😊 문화, 엔터테인먼트 및 레저 시설

There are a lot of good restaurants.

좋은 음식점이 많이 있습니다.

There are many places to go for entertainment.

오락을 즐기기 위해 갈 수 있는 곳이 많습니다.

It has great shops and theaters.

멋진 가게와 극장이 있습니다.

Many golf courses/ski resorts are close by.

골프장/ 스키장이 인근에 많이 있습니다.

Step Up

You'll never run out of things to do there.

거기선 즐길 것이 아주 많아요.

run out of는 무엇이 '바닥난다'는 의미이고, things to do는 '할 일들'인데, never가 붙었으니 할 수 있는 것들이 바닥날 일이 없다는 겁니다. 다시 말해서 놀고 즐길 것이 많다는 뜻입니다.

The city/town is beautiful all year around.

도시/ 소도시는 일 년 내내 아름답습니다.

There are trees/mountains everywhere.

나무/ 산이 사방에 있습니다.

The ocean is right by the city/town.

바다가 도시/ 소도시 바로 옆에 있습니다.

There are a lot of skyscrapers.

고층 건물이 많습니다.

Buildings and apartment blocks cover the city/town.

빌딩과 아파트 블록이 도시/ 소도시를 덮고 있습니다.

The city is famous for seafood.

그 도시는 해산물로 유명해요.

어느 도시가 무엇으로 '유명하다'는 것을 famous for로 이해하는 것이 틀린 건 아닙니다. 영어권에서도 특정 관광 도시에서 PR용으로 유명한 음식이나 건물, 특별 장소, 하다못해 주민들의 열렬한 환대까지도 내세우니까요. 하지만 known for 또는 well-known for, 무엇으로 '잘 알려져 있다'라는 뜻의 자연스러운 말을 더 흔히 씁니다. 사실 비슷한 뉘앙스이긴 하지요? 그리고 유명한 음식, 건물, 장소 앞에 its를 꼭 붙이세요. 다시 올바르게 표현하자면 The city is well-known for its seafood입니다.

 유명세

[City/town] is well-known for its [food/structure/place].

[도시/ 소도시]는 [음식/ 건물/ 장소]로 잘 알려져 있습니다.

Busan	beaches
부산	해수욕장

It gets a lot of tourists.

관광객이 많이 옵니다.

People come from all over the country.

전국 방방곡곡에서 사람들이 옵니다.

It was an important cultural/trade town in the old days.

그곳은 과거에는 중요한 문화/ 상업 마을이었습니다.

It was on an important trade route.

그곳은 중요한 무역로에 있었습니다.

Many cultural artifacts were produced there.

많은 문화 유물이 그곳에서 생산되었습니다.

There used to be a palace there.

그곳에 궁전이 있었습니다.

It used to be the capital of the [dynasty] dynasty.

Silla
신라

그곳은 [왕조의 명칭] 왕조의 수도였습니다.

There are many old temples still standing.

그곳에는 오래된 사찰이 아직도 많이 보존되어 있습니다.

It has many historical sites.

그곳에는 유적지가 많습니다.

The city/town is part of Korea's cultural heritage.

도시/ 소도시는 한국 문화유산입니다.

There is a well-preserved folk village in the city/town.

도시/ 소도시에는 잘 보존된 민속촌이 있습니다.

[Location] is listed as a UNESCO World Heritage site.

Changdeok Palace
창덕궁

[장소]는 유네스코 세계 유산으로 지정되어 있습니다.

그곳의 공기

The air quality isn't so good.

공기가 별로 좋지 않습니다.

The air's clean.

공기가 깨끗합니다.

The air's always fresh.

공기가 항상 맑습니다.

The air's free from pollution.

대기 오염이 없습니다.

 교통량

The traffic can get heavy at times.

때때로 교통량이 극심할 때가 있습니다.

The traffic is usually very light.

보통 교통량이 아주 적습니다.

It's really convenient driving to and from work.

운전해서 출퇴근하는 것이 참 편합니다.

 Step Up

There are never any traffic hassles.

교통량으로 골치 아픈 일이 절대 없어요.

hassle은 '골치 아픈 것, 번거로움' 또는 '귀찮은 것'을 의미합니다. 특정하게 이루어지는 일은 단수형으로 hassle이지만, 교통 정체나 스팸 메일 같은 것을 말할 때는 주로 복수형인 hassles를 써요.

It's a big city with more than [number] million people.

two
2

[숫자]백만 명이 넘는 대도시입니다.

The city has a small population.

도시는 인구가 적습니다.

The people are generally friendly.

사람들이 전반적으로 친절합니다.

Like most large cities, people aren't very approachable.

대부분의 대도시와 마찬가지로 사람들과 말 붙이기가 쉽지 않습니다.

It has many persons.

그곳에는 사람들이 많아요.

논문이나 정부 보고서 같은 문서에서는 사람의 복수형을 persons라고 정의하는 것이 흔하지요. 엘리베이터의 수용 가능 인원을 표시할 때에도 'OO PERSONS'라고 합니다. 하지만 일상생활에서는 people을 쓰는 것이 더 자연스럽습니다.

There are many different industries in [city/ town].

[도시/ 소도시]에는 많은 종류의 업체들이 있습니다.

Ochang
오창

It's a fishing/farming/tourist town.

그곳은 어업/ 농업/ 관광 도시입니다.

There are a lot of factories in the area.

주변에 공장이 많습니다.

It's a safe place to raise a family.

가정을 꾸리기에 안전한 곳입니다.

It has a low crime rate.

범죄율이 낮습니다.

"Only girls? No women?"

한 대기업에서 여자 원어민 면접 위원과 함께 영어 면접을 진행했을 때의 일입니다. 같은 그룹에 있던 총 5명의 대학교 졸업생들은 전체적으로 영어 실력이 괜찮은 편이었고 질문도 잘 알아듣고 답변을 잘 하고 있었습니다. 그러던 중 해변가 도시에 사는 지원자가 Where is a good place to go in your city?(당신이 사는 도시에서 갈 만한 좋은 곳은 어디입니까?)라는 질문을 받았습니다. 아니나 다를까 그 지원자는 자신 있게 어느 유명한 해수욕장을 언급했습니다. 거기까지는 좋았습니다. 하지만 이어서 There are many beautiful girls there(그곳은 예쁜 여자들이 많이 있습니다)라는 말을 덧붙인 것이 문제가 되었지요. 여자 원어민의 얼굴에 무언가가 스쳐 지나갔습니다. Only girls? No women?(여자 애들만? 성인 여자는 없고요?)라고 되물었지요. 이 두 번째 질문의 의도를 알아채지 못한 지원자는 당황하면서 Excuse me?라고 물었습니다. 면접 위원이 So you can't find any women there?(그럼 성인 여자는 거기 없어요?)라고 하자 지원자는 Yes, there are women이라고 답했지만 이미 자신감은 떨어진 상태였습니다. 문제는 18세 이상의 여자들을 girls로 언급했다는 것이었지요. 안전하게 가려면 고등학교를 졸업한 나이의 여성들은 women이라고 하는 것이 좋습니다.

나의 Role
내가 하는 것들은 무엇인가?

대학생이든 회사원이든 자신이 맡은 역할을 구체적으로 언급해야 하는 경우가 많습니다.
번거로울 정도로 세밀하게 설명해야 하는 동시에 자신의 개성도 뚜렷하게 드러내야 되지요.
좋은 전략 중 하나는 자신의 역할에 대한 태도나 강점을 드러내는 것입니다. 예를 들어, 맡은 업무가
싫다면 왜 싫은지를 언급하는 거지요. I don't like my work(저는 제 일이 싫습니다)라고 한 뒤
because it's too easy(너무 쉽기 때문에요)라고 말입니다. 그러면 상대방은 '아, 이 사람은 더
도전적인 일을 좋아하는 사람이구나'라고 생각하게 됩니다.

Part V

학교와 직장

School & Work

Tell me about your school

당신이 다녔던 학교에 대해 말씀해 주세요.

Tell me about your work

당신이 맡은 업무에 대해 말씀해 주세요.

01 학교
School

고등학교

제가 고등학생이었을 때 사립 고등학교를 다녔습니다.

 When I was high school student,
I attended **private high school.**

I went to a **private high school.**

우선 문장이 너무 길게 늘어졌습니다. 그리고 high school이 불필요하게 반복되었습니다. 관사 a가 몇 군데 빠져 있는 것도 문제이지요. 앞에서도 언급했지만, 평소에 '전 사립 고등학교를 다녔어요'처럼 쉬운 한국말을 위와 같이 재구성한 뒤 다시 영어로 번역해서 말하는 분들이 있습니다. 복잡한 논문에 쓰는 문장은 그럴 수 있겠지만, 일상생활 표현은 다음 페이지에서와 같이 이미 정해진 패턴이 있습니다.

I went to a public/private high school.

공립/ 사립 고등학교를 다녔습니다.

It was a(n) all-boys/all-girls/co-ed school.

남자/ 여자/ 남녀 공학 학교였습니다.

I graduated [number] years ago.

[숫자]년 전에 졸업했습니다.

three
3

I finished high school just last/this year.

바로 작년/ 올해에 고등학교를 마쳤습니다.

참고로, Part II에서 언급했듯이 went to 대신 attend(다니다)를
]쓸 수도 있지만 일상 대화에서 attend를 쓰면 다소 격식을 차린 듯한
느낌을 줄 수 있습니다.

I'm in junior high/high school.

저는 중학교/ 고등학교를 다닙니다.

I'll be graduating this/next year.

저는 올해/ 내년에 졸업합니다.

I'm a high school student와 같이 자신의 신분을 명사로 표현하기
보다는 I'm in high school이 더 자연스럽게 들립니다. 더 자연스럽
다는 건 그만큼 영어 실력이 있어 보인다는 거겠죠?

앞에서 등장하는 오류 문장이 너무 길었다면 이번 문장은 너무 짧습니다. 현재 하고 있는 전공이면 be동사와 -ing형태로 I'm majoring in…이 되겠고, 졸업을 했을 경우에는 I majored in… 입니다. 보통 동사의 현재형은 I eat breakfast at nine(9시에 아침을 먹습니다)과 같이 반복적인 행동을 언급할 때 씁니다.

😊 전공을 말할 때

I'm majoring in [field of study].
[전공 분야]을 전공하고 있습니다.

I'm double-majoring in [field of study] **and** [field of study].
[전공 분야]와 [전공 분야]를 복수전공하고 있습니다.

history
역사학

literature
문학

economics
경제학

My major is in [field of study].

제 전공은 [전공 분야]입니다.

biochemistry
생화학

My major is in...의 문장 패턴에서는 in을 생략해도 되지만, in을 사용하면 더 부드럽게 들립니다.

 전공을 정하지 않았을 때

My major is undeclared.

제 전공은 확정되지 않았습니다.

I haven't decided on my major yet.

아직 전공을 정하지 않았습니다.

I'm considering [field of study] as my major.

[전공 분야]를 전공으로 고려하고 있습니다.

psychology
심리학

 전공을 바꾸었을 때

I've changed my major from [field of study] to [field of study].

저는 [전공 분야]를 [전공 분야]로 전공을 바꾸었습니다.

economics   law
경제학   법학

 Step Up   I switched majors.

전공을 바꾸었습니다.

I switched...는 무엇을 '바꿨다'는 의미로 복수형으로 일자리[jobs], 물건의 브랜드[brands]와 같은 것들을 언급할 때도 쓸 수 있습니다.

My sub-major is economics.

부전공은 경제학입니다.

sub(부)과 major(전공)를 결합하면 sub-major가 되지요. 영어권에서는 sub-major보다는 minor로 통하는 경우가 더 흔합니다. 사실 미국에서는 sub-major가 생소하게 들릴 수도 있습니다. 저도 sub-major라는 단어를 처음 접했을 때 고개를 갸우뚱했으니까요. 그리고 자신의 전공과 마찬가지로 부전공에서도 전공명 앞에 in을 쓰는 것이 좋습니다.

 부전공

My minor is in [field of study].

부전공은[전공 분야]입니다.

creative writing
문예 창작

I'm doing a minor in [field of study].

[전공 분야]를 부전공하고 있습니다.

sociology
사회학

 Step Up

I'm minoring in psychology.

심리학을 부전공하고 있습니다.

major(전공)와 마찬가지로 minor(부전공)도 동사로 사용할 수 있습니다.

I'm specializing in [field of study].

[전공 분야]를 전공하고 있습니다.

marketing
마케팅

I'm doing my master's/Ph. D. in [field of study].

[전공 분야] 석사/ 박사 과정을 하고 있습니다.

chemistry
화학

I'm in law/medical/dental school.

법과/ 의과/ 치과 대학을 다니고 있습니다.

변호사, 의사나 치과 의사가 되기 위해 다니는 law school, medical (또는 med) school이나 dental school에는 관사 a가 붙지 않으니 주의하세요.

I've always wanted to study [field of study].

항상 [전공 분야]를 공부하고 싶었습니다.

law
법학

The field of [field of study] is fascinating.

[전공 분야] 분야는 매력적입니다.

environmental studies
환경 연구학

I can get a good job after graduation.

졸업 후 좋은 직업을 구할 수 있습니다.

I want to go into the [field of study] field.

[전공 분야] 분야에서 일하고 싶습니다.

agriculture
농업

My parents/[person] suggested I go into [field of study].

부모님/ [사람]께서 [전공 분야]를 공부해 보라고 권하셨습니다.

a professor
교수님
anthropology
인류학

I always got good grades in [field of study].

항상 [전공 분야]에 좋은 점수를 받았습니다.

math
수학

전공 분야 fields of study

문학	literature	언어	linguistics
영화	film	문예창작	creative writing
철학	philosophy	저널리즘	journalism
미술사	art history	연극	theatre
산업디자인	industrial design	종교학	religion
사진학	photography	미술	fine arts
고고학	archaeology	조각학	sculpture
경제학	economics	인류학	anthropology
지리학	geography	아시아 연구학	Asian studies
정치학	political studies	법학	law
사회학	sociology	환경연구학	environmental studies
사회생물학	sociobiology	심리학	psychology
지구 물리학	geophysics	사회심리학	social psychology
생화학	biochemistry	지질학	geology
물리학	physics	생물학	biology
천문학	astronomy	화학	chemistry
수학	mathematics	천체 물리학	astrophysics
농업	agriculture	컴퓨터 공학	computer science
커뮤니케이션	communications	통계학	statistics
마케팅	marketing	건축학	architecture
교육	education	경영학	business
의학	medicine	재무	finance
행정	public administration	엔지니어링	engineering
체육학	physical education	사회 복지	social work

Step Up

Mathematics is my forte.

수학은 제가 가장 잘하는 과목이에요.

forte는 자신이 아주 잘하는 것이므로 특기, 전문, 강점을 뜻합니다.

 졸업한 경우

I majored in [field of study].

[전공 분야]를 전공했습니다.

physics
물리학

My undergraduate/master's/doctor's degree was in [field of study].

[전공]학 학사/ 석사/ 박사 학위가 있습니다.

education
교육

대학교

아주 훌륭한 대학입니다.

❌ It is a very excellent university.

◉ It is a really excellent university.

'아주'라는 말을 하고 싶을 때 무조건 very를 집어넣는 경우가 많습니다. 하지만 일상 대화에서 원어민들은 really를 더 많이 쓰는 편이며, 실제로도 더 자연스럽게 들립니다. 하지만 이 문장에서는 excellent가 '아주 좋다'라는 뜻을 지니고 있어 really를 굳이 쓰지 않아도 괜찮습니다.

😊 재학 중

I go to [university name].
저는[대학명]을 다닙니다.

I'm a freshman/sophomore/junior/senior at a university in [location].
저는[장소]에 있는 대학 1 / 2 / 3 / 4학년입니다.

Namseoul
University
남서울대

Incheon
인천

예전에는 college와 university의 차이가 있었지만 요즘에는 거의
구분 없이 사용하는 편이지요. college가 단과 대학을 일컫긴 하지만
흔히 자기가 다니는 대학은 그냥 college라고 합니다.

 졸업한 경우

I went to [university name].

[대학명]을 나왔습니다.

Hongik University
홍익대학교

I got my master's/doctorate from [university
name].

석사 학위/ 박사 학위를 [대학명]에서 받았습니다.

Sogang University
서강대학교

 대학교 종류

It's a public/private university.

공립/ 사립대입니다.

It's a 2-year college.

전문 대학교입니다.

It's a women's university.

여자 대학교입니다.

 학교의 강점

**It's known for its scientific research/medical
school/law school.**

거긴 과학 연구/ 의과 대학/ 로스쿨로 알려져 있습니다.

The school has a lot of famous graduates.

그 학교를 졸업한 유명인이 많습니다.

It's considered one of the top schools in Korea.

한국에서 최고 대학교 중 하나로 여겨집니다.

It's got a great [field of study] department.

아주 좋은 [전공]과가 있습니다.

dance
무용

 학교 역사

It's one of the oldest universities in the country.

국내에서 가장 오래된 대학교 중 하나입니다.

It was established in [year].

[숫자]년에 설립되었습니다.

1965

It was founded by priests/missionaries/Buddhists.

신부들/ 선교사들/ 불교도가 설립했습니다.

It's a relatively new university.

비교적 신생 대학입니다.

 캠퍼스의 크기

It has a big/small campus.

캠퍼스가 큽/ 작습니다.

The campus is in a busy neighborhood.

캠퍼스는 붐비는 동네에 있습니다.

The campus is on a hill.

캠퍼스는 언덕 위에 있습니다.

The campus overlooks the whole town/ocean.

캠퍼스는 마을 전체/ 바다가 내려다보입니다.

The campus is in a small town/city.

캠퍼스는 소도시/ 도시에 있습니다.

There are a lot of trees on campus.

캠퍼스에는 나무가 많습니다.

The campus is pretty spread out.

캠퍼스는 꽤 넓습니다.

 Step Up

It's a happening campus.

신나는 캠퍼스입니다.

어느 장소 앞에 a happening을 넣으면 비격식적으로 '신나는' 또는 '재미
있는 일이 많은'이라는 형용사가 됩니다.

➕ 동네에 대한 expressions는 Part 4 Home & Neighborhood를 참조하세요.

☺ 학교에서 특별한 장소

I like going to the [location on campus].

[캠퍼스 내 장소]에 가는 걸 좋아합니다.

coffee shop
커피숍

I go there before/after class.

수업 전/ 후에 그곳에 갑니다.

It's a good place to relax/get a cup of coffee/ browse new books/chat with people.

거긴 휴식하기/ 커피 마시기/ 신간 도서 둘러보기/ 사람들과 수다 떨기에 좋은 곳입니다.

That's where I usually meet up with my classmates/friends.

거기는 제가 보통 동급생들/ 친구들과 자주 만나는 장소입니다.

보통 meet은 누구를 처음 만날 때나 쓰는 단어이지, 아는 사람들과
약속을 해서 만날 때 쓰는 말은 아닙니다. 대신 get together나 meet
up을 쓰세요.

COOL   ♥   her

제게는 아주 좋은 선배와 후배들이 있어요.

❌ **I have great** seniors **and** juniors.

◉ The students in my school are great.

'선배'나 '후배'란 말이 영어에는 없습니다. classmate를 '반 친구'로 많이들 알고 계신데요. 실제로 이렇게 번역하기에는 무리가 있습니다. 같은 반에 있지만 사실상 친구가 아닐 수도 있으니까요. 아래에 나오는 것처럼 영어로 선후배를 언급하는 방법은 여러 가지가 있습니다.

 현재의 선후배/ 동급생

He is a fellow student.
그는 같은 학교 학생입니다.

We go to the same school.
우리는 같은 학교에 다닙니다.

We are in a class together.
우리는 같은 수업을 듣습니다.

She is a/[number] year(s) ahead of/behind me in school.

two
2

그녀는 학교에서 저보다 [숫자]학년 위/아래입니다.

한국말로는 누가 자신보다 학년이 위나 아래라고 하지만, 영어로는 '보다 앞에[ahead of]'와 '보다 뒤에[behind]'로 표현합니다.

She is a school friend.

그녀는 학교 친구입니다.

같은 학교를 다닌다고 해서 다 친구라고 말할 수는 없답니다. 동급생이면 위에 나열된 문장들을 사용하고, 진정한 친구면 She's a friend from school이라고 하면 됩니다.

😊 동문/ 동창

We went to the same school.

우리는 같은 학교를 다녔습니다.

We were in a same class.

우리는 같은 수업을 들었습니다.

He and I graduated together.

저와 그는 같이 졸업했습니다.

She was a/[number] year(s) ahead of/behind me in school.

a
한

그녀는 학교에서 저보다 [숫자] 학년 위/아래였습니다.

He is an alumnus of my school.

그는 학교 동문입니다.

남자 동문은 alumnus, 여자 동문은 alumna이며, 복수형으로 남자 동문들끼리는 alumni, 여자 동문들끼리는 alumnae, 남녀를 통합적으로 말할 때는 alumni입니다. 그런데 영어로 하면 더 격식을 차린 느낌이 나지요? 라틴어를 그대로 적용했으니까요. 그러니 본문에 등장하는 다른 문장들로 표현하는 것이 더 간단하고 바람직할 수 있습니다.

☺ 학생 수

The school has a big/small student body.

그 학교는 총학생회 규모가 큽/ 작습니다.

There are over [number] students at my school.

5,000

저희 학교의 학생 수는 [숫자]명이 넘습니다.

☺ 좋아하는 선생님/ 교수님

I like Mr./Mrs./Ms./Professor [last name]'s class the most.

Kim
김

[성] 선생님/ 교수님의 수업을 가장 좋아합니다.

He teaches the [class name] class.

Physics 1
물리학 1

그는 [수업명]을 가르치십니다.

She is probably my favorite teacher/professor.

아마 그녀는 제가 가장 좋아하는 선생님/ 교수님일 겁니다.

I love John Teacher's class.

존 선생님 수업을 아주 좋아합니다.

이상한 현상이 하나 있습니다. 다른 오류는 친절하게 지적하고 수정해주는 원어민 영어 강사들이 왠지 위와 같은 문장을 고쳐주는 걸 등한시하는 경우를 볼 수 있습니다. 사실 애매하거든요. Mr.나 Ms. 같은 명칭을 앞에 붙이려면 자신의 성[last name]을 넣어서 부르게 해야 하는데 그러려니 좀 격식적인 것 같고, 그냥 이름[first name]만 부르게 하려니 한국에서는 너무 캐주얼한 것 같으니 말입니다. 하지만 오류는 오류입니다. 그것도 아주 기초적인 오류랍니다. 이름이나 성을 Teacher 앞이나 뒤에 넣을 수 없으며, Professor는 성 앞에만 사용합니다. Mr.나 Ms.에 성을 붙여 사용하든지 아니면 그냥 이름만 부를 수밖에 없습니다.

특정 수업을 좋아하는 이유

He is really [adjective].

그는 [형용사]합니다.

knowledgeable
아는 것이 많은

She has a great sense of humor.

그녀는 유머 감각이 아주 뛰어납니다.

His tests are easy.

그의 시험은 쉽습니다.

저는 연극 동아리 소속이에요.

✕ I am in the drama circle.

◉ I am in the drama club.

일반적으로 circle은 동그라미입니다. 물론 이 단어의 여러 정의 중 하나가 '같은 직업이나 관심사를 가지고 있는 사람들의 모임'이긴 합니다. 하지만 영어권에서는 circle이 '집안[the family circle]'이나 '교우 범위[circle of friends]' 정도로 사용이 되지, 무조건 클럽이나 동아리가 되지는 않습니다.

 가입한 동아리

I'm in the [type] club.
전 [종류] 클럽에 소속돼 있습니다.

ski
스키

I joined the [type] club last/this year.
작년/ 올해에 [종류] 클럽에 가입했습니다.

speech
연설

I'm the president/vice president/secretary/ treasurer.
제가 회장/ 부회장/ 총무/ 회계 담당자입니다.

흔히 자신이 어떤 동아리의 회원이라고 할 때 I'm a member of...
라고 하는데, member라는 단어는 전국적으로 퍼져 있는 조직적인
단체 같은 곳에 가입되어 있을 때 쓰는 것이 일반적이랍니다.

☺ 조교일 경우

I'm a teaching assistant for a [type] class.

전 [종류]과 조교입니다.

geography
지리학

I'm a research assistant.

전 연구 조교입니다.

☺ 휴학/ 교환 학생/ 편입

I took a/[number] year(s) off from school to study abroad/work.

해외 유학/ 일 때문에 [숫자]년을 휴학했습니다.

2

I was an exchange student at [school name] in [location].

저는 [장소]에 있는 [학교명]의 교환 학생이었습니다.

University of
Toronto
토론토대학교
Canada
캐나다

I came back to school last/this year after serving my mandatory military service.

군 복무 후 작년/ 올해에 복학했습니다.

I transferred from another school last/this year.

다른 학교에서 작년/ 올해에 편입했습니다.

I have many homeworks.
숙제가 많습니다.

우선 homework는 water나 money처럼 셀 수 없는 명사이므로, 복수형으로 s가 붙을 수 없습니다. 그러다 보니 many도 앞에 넣을 수 없고요. 여기서 아예 더 자연스럽고 구어체적인 a lot을 쓴다면 뒤의 명사가 셀 수 있는 명사든 셀 수 없는 명사든 관계 없이 쓸 수 있지요. 위 문장을 수정하면 I have a lot of homework가 됩니다. 그리고 대학교에서는 homework 대신 assignment(과제)가 더 적절합니다.

😊 과제/ 프로젝트

I'm currently working on my thesis.
현재 논문을 쓰고 있습니다.

I'm under a tight deadline.
마감이 촉박합니다.

I have to write a lot of essays.
많은 에세이를 써야 됩니다.

Sometimes I work on group projects.
때로는 그룹 프로젝트를 합니다.

There are [number] of us in the assignment group.
우리 과제 그룹에는 [숫자]명이 있습니다.

ten
10

직장
Work

하는 일

저는 샐러리맨입니다.

❌ **I am** a salaryman.

◎ **I am** an office worker.

'월급쟁이'를 정의한 salaryman은 직업에 대해 질문할 때 자주 등장하며 일본을 거쳐 들어온, 정말 오래된 콩글리시입니다. salaried employee라는 말이 있긴 하지만 이건 사내에서 hourly employee(시급을 받고 일하는 직원)와 구분하기 위해 쓰는 말일 뿐입니다. 가장 적합한 것은 office worker이지만, 이것조차도 별 의미가 없지요. 아예 '월급을 받고 일하는 직원'이라는 뉘앙스가 있는 말 대신 차라리 더 구체적으로 자신의 직업을 표현하는 것이 좋지 않을까요?

I work for a [business type].

저는 [사업 종류]에서 근무합니다.

insurance compa
보험 회사

I work for [company name].

저는 [회사명]에서 근무합니다.

Segye Corporatio
세계주식회사

I work for the government.

저는 공무원입니다.

Step Up

I'm with Segye Corporation.

저는 세계기업에서 근무합니다.

세계적으로 널리 알려진 회사에서 근무한다면 I'm with...에 간단히 기업
명만 붙이면 되지요.

I work full-time at [company name].

[사업 종류]에서 정규직으로 일합니다.

Segye Corporatior
세계주식회사

I'm an intern at [company name].

[사업 종류]에서 인턴입니다.

Orange Foods
오렌지푸드

I'm working only part-time.

파트타임으로만 일하고 있습니다.

I'm a contract worker.

계약직 직원입니다.

I do albeit.
저는 아르바이트를 합니다.

albeit를 콩글리시라고 인식하고는 있지만 막상 영어로 말할 때 절로 나올 때가 많을 겁니다. 하지만 어차피 albeit는 독일어로 '일'이니 우리가 생각하는 part-time work는 아니잖아요. 그리고 '하다'를 do로 번역하는 것보다 have a part-time job이나 work part-time 으로 말하는 것이 바람직합니다.

 전문직

I'm a [profession type].
저는 [전문직]입니다.

nurse
간호사

 자영업

I'm a freelancer.
저는 프리랜서입니다.

I run my own business.
저는 회사를 직접 운영합니다.

위에서 run은 '운영하다'라는 뜻으로 쓰입니다.

 Step Up

I work for myself.
저는 자영업을 합니다.

"나를 위해 일을 하다"라는 직역적인 의미를 가진 문장으로 I work for… 유형에 자기 자신을 넣는 겁니다.

I entered the company two years ago.

2년 전 그 회사에 입사했습니다.

회사에 '들어가다'를 enter로 번역하는 것 자체는 틀리지 않지만 한
국말과는 달리 영어로는 격식을 갖춘 듯 들립니다. 아래에 나열된 표
현들이 더 자연스럽고 흔히 쓰입니다.

 재직 기간

I joined [company name] [number] years ago.

저는 [숫자]년 전에 [회사명]에 입사했습니다.

the bank   two
은행   2

I started working for [company name] just last/this year.

저는 바로 작년/올해부터 [회사명]에서 일하기 시작했습니다.

the bank
은행

I've been working for [company name] for [number] years.

저는 [회사명]에서 [숫자]년 동안 일했습니다.

Segye Corporation
세계주식회사
five
5

 Step Up

> ### I've been with Orange Foods for ten years now.
>
> 현재 오렌지푸드에서 10년째 일하고 있습니다.
>
> '~와 같이 하고 있다'라는 뜻으로 I've been with...에 회사명을 붙이고
> for에 기간을 넣으면 간단하고도 세련된 표현이 됩니다.

부서

I'm in the [name] team/department/division.

[명칭]팀/ 부서/ 부에서 일을 합니다.

I'm with the [name] team in the [name] division/department.

[명칭] 부서/ 부에 속한 [명칭]팀에 속해 있습니다.

요새는 기업마다 '부, 실, 본부, 국' 등의 명칭 사용 용도가 다 달라서 이 같은 부서들을 간단히 영어로 division이나 department로 정의 하기가 쉽지 않습니다. '팀'정도는 team으로 번역할 수 있지만요.

 Step Up

I'm in sales.

영업부에서 일합니다.

그러니까 I'm in the sales department를 간략히 줄인 거지요. sales 외에 marketing(마케팅), R&D(연구 개발), accounting(회계), human resources(인사), manufacturing(제조)도 쓸 수 있습니다.

 직책

I'm the/a(n) [title].

저는 [직책]입니다.

I run the team/department/division.

저는 그 팀/ 부서/ 부를 이끕니다.

무엇을 I'm in charge of...(~을 담당하고 있다)보다는 위에 나오는 I run...유형이 더 간결하고 자연스러운 느낌을 줍니다.

sales
영업

PR   marketing
홍보   마케팅

assistant manager
대리

There are many regular meetings.

정기 회의가 많습니다.

같은 요일, 같은 시간에 열리는 회의를 regular meeting으로 생각하기 쉬운데, 규칙적인 회의는 routine meeting이 맞습니다.

주로 하는 일

I make a lot of presentations.

프레젠테이션을 많이 합니다.

I'm on the computer all day.

하루 종일 컴퓨터 앞에 있습니다.

I deal with clients.

고객들을 상대합니다.

I do research and development.

연구 개발을 합니다.

I'm on the factory floor all day.

하루 종일 공장 작업 현장에 있습니다.

I write a lot of reports.

보고서를 많이 씁니다.

I'm on the phone a lot.

전화를 많이 합니다.

I go to a lot of meetings.

회의에 많이 참석합니다.

I manage projects.

프로젝트를 관리합니다.

I make sales calls.

판매를 위해 고객을 방문합니다.

sales call은 판매를 위해 전화를 한다기 보다는 고객을 직접 방문하는 것을 뜻합니다.

😊 **맡은 바를 표현할 때**

I'm responsible for…

~에 관한 책임을 맡고 있습니다.

I'm in charge of…

~을 담당합니다.

My work mainly involves…

제 일은 주로 ~에 관련되어 있습니다.

coordinating with
the sales team
영업팀과의 협의

southern Seoul area
강남 지역

working with the
franchises
가맹점과 함께 일하는 것

위 문장 형식들에서는 명사 또는 동명사(gerund)를 사용합니다. 물론 위에 제시된 예문보다 자신이 맡은 일을 더 구체적으로 설명하면 좋겠지요.

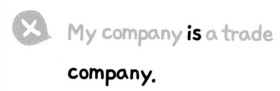

회사

저희 회사는 무역 회사입니다.

❌ My company **is** a trade company.

◎ My company **is an** import-export **company.**

먼저 my company는 '나의 회사,' 즉 '자기가 직접 운영하는 회사'라는 느낌을 상대방에게 줄 수 있습니다. 가장 좋은 방법은 회사명을 댄 다음, 그 회사명으로 쭉 나가는 것이 좋습니다. 그러니까 IBM에서 일한다면 그곳 직원이라고 말한 뒤, IBM을 쓰면 되는 거지요. 그리고 trade company보다는 import-export company가 더 적절합니다. 말이 나온 김에 '여행사'도 travel company가 아니라 travel agency입니다.

😊 **회사의 주요 사업**

[Company name] **specializes in** [industry].
[회사명]은[사업 분야]를 전문으로 합니다.

ABC company
ABC기업
import-export
무역

It is a venture company.

그곳은 벤처기업입니다.

venture company 또는 venture business를 외래어로 생각하시는 분들이 많습니다. 그렇지만 사업상 venture가 들어가는 용어는 business venture(사업적 시도)나 venture capital(벤처 자금) 정도이므로, 우리가 인식하는 '벤처 기업'은 영어로 startup이 가장 적합합니다.

사업 분야 Industry

화학	chemical	석유 화학	petrochemical
전자	electronic	건축	construction
제약	pharmaceutical	호텔/식당	hospitality
금융	financial	해운	shipping
은행	banking	엔터테인먼트	entertainment
인터넷기술	Internet technology	여행	travel
출판	publishing	광고	advertising
소매/유통	retail / distribution	도매	wholesale
운송	transportation	공공사업	utilities

It was established in [year].

[숫자]년에 설립되었습니다.

2002

[Company name] has been in business for [number] years.

[회사명]은 [숫자]년 동안 사업에 종사했습니다.

ABC Company
ABC기업
six
6

It's one of the largest companies in the country.

국내에서 가장 큰 회사 중 하나입니다.

It's a small/mid-sized business.

소/ 중소기업입니다.

We have about [number] people in the company.

약 [숫자]명 정도의 직원이 있습니다.

200

The Best in the World is not "World Best"

한때 저는 규모가 꽤 큰 미국 호텔 및 레스토랑 프랜차이즈 기업과 몇 년 동안 일을 한 적이 있었습니다. 그러면서 자연히 그 회사의 이사들, 부사장들, CEO의 프레젠테이션을 자주 보게 되었는데, 이 기업도 역시 업계에서 세계 최고를 지향했습니다. 가능성도 풍부했고요. 하지만 구두상 / 필기상으로나 파워포인트에서도, 하다못해 프랜차이즈 가맹점 주주들 사이에서나 어디에서도 world best라는 말을 듣거나 본 적이 없습니다. 왜냐하면 world best는 콩글리시니까요. 이 말을 문법적으로 조금 다듬어 볼까요. 이렇게 해서 나온 world's best라는 말도 문법적 오류는 없지만 어색하긴 마찬가지입니다. 그럼 그 미국 기업은 어떤 단어들을 사용했을까요? 영국 최고 축구 리그에서도 쓰는 premier라는 단어였습니다. 그것 외에 the restaurant, the hotel of choice(최상으로 선택되는 레스토랑, 호텔)도 사용했지만요. 사실 world's best는 의미가 미약해서 영어권 사람들은 그런 표현을 보면 "무엇의 best란 말이야?"라고 말하는 경우가 많으니까요. 반면 premier는 어쩐지 고급스러운 느낌에다가 업계에서 최고라는 뉘앙스마저 있습니다. 물론 덮어놓고 premier를 사용하는 것보다는 기업의 특징을 살려 다른 방식으로 영문 슬로건을 잡는 것이 좋겠지요.

저는 직장 동료들을 좋아합니다.

❌ I like my co-work.

◎ I like my coworkers.

co-worker 또는 coworker가 '직장 동료'라는 뜻이고, co-work는 동사인데다, 보편적으로 쓰지 않는 단어입니다. 그리고 한국에서는 colleague라는 단어를 많이 쓰는데, colleague는 의사나 교수와 같이 전문직을 가진 사람들 사이에서 주로 씁니다.

 동료

I really enjoy working with my team.
제 팀과 일하는 것이 정말 즐겁습니다.

I have great coworkers.
직장 동료들은 참 좋습니다.

😊 상사

My boss is [adjective].
제 상사는 [형용사]입니다.

easy-going
느긋한

We all like our manager.

우리 모두 다 매니저를 좋아합니다.

boss가 은근히 조직폭력배의 두목을 연상시키긴 합니다만, 영어권 회사에서 많이 쓰는 단어입니다. 물론 supervisor를 써도 문제는 없지만 직책이 다양한 기업에서는 supervisor보다는 manager가 더 흔히 쓰입니다.

I must wear a two-piece.

저는 투피스를 입어야 합니다.

must는 무엇을 '해야 한다'라는 단어가 맞긴 합니다만, 북미 사람들에게는 아주 강한 의미로 인식되지요. 명령 같이 들리는 겁니다. 대신 have to를 쓰는 것이 낫습니다. 그리고 two-piece는 정장이 아니라 비키니라는 뜻에 더 가까우니, 괜히 듣고 있는 원어민을 놀라게 할 필요는 없을 듯합니다. 남자나 여자나 정장은 suit로 쓰면 됩니다.

 복장

I wear suit and tie to work.

양복과 넥타이 복장으로 출근합니다.

We have a strict dress code.

우리는 엄격한 복장 규정이 있습니다.

I don't have to wear a suit.

양복을 입지 않아도 됩니다.

I wear business casual.

비즈니스 캐주얼로 입습니다.

I work in a cubicle.

개인 책상에서 일합니다.

I have my own office.

저만의 방이 있습니다.

😊 일에 대한 태도

I enjoy my work.

제가 하는 일이 즐겁습니다.

I don't really like my job.

제가 하는 일을 별로 좋아하지 않습니다.

My job is [adjective].

제가 하는 일은 [형용사]합니다.

easy
쉬운

My job is not [adjective].

제가 하는 일은 [형용사]이지 않습니다.

challenging
힘드는

일에 관한 형용사 adjectives about work

보람있는	rewarding	우울하게만드는	depressing
어려운	hard	쉬운	easy
신나는	exciting	지루한	boring
도전적인	challenging	힘들지않은	undemanding

"Do you enjoy your work?"

모 대기업에서 몇 년 동안 진급이나 해외 근무를 앞둔 직원들을 대상으로 4주 영어 합숙 프로그램을 운영했습니다. 프로그램 종료 후 모든 수업생들은 이 재벌 그룹에서 개발한 15분간의 1대1 스피킹 테스트를 봐야 했습니다. 인터뷰 인원들은 다 ACTFL에서 연수를 받아 이 테스트는 OPIc과 무척 유사하지요. 수업생들은 저마다 열심히 스피킹 훈련을 한 덕분에 자기와 가족 소개, 취미와 회사일 및 출장 경험 묘사뿐만 아니라 정치나 사회 이슈 토론도 거뜬히 했습니다. 하지만 가장 어려워 했던 질문 중 하나는 Do you enjoy your work?(회사 일이 재미있나요?)였다고 합니다. 취미 같은 것은 취미인 만큼 당연히 설명하기 쉬운데 회사 일은 그렇지 않다는 거지요. 사실상 Yes라고 대답하기 어려울 때가 있잖아요? 하지만 성공적으로 테스트를 끝낸 분들은 두 가지 전략 중 하나를 택했습니다. 첫 번째는 No라고 답한 뒤 직업이 별로인 이유를 자세히 설명하는 거였습니다. 두 번째 전략은 pros and cons(장점과 단점) 둘 다 말하는 거였는데, 이것은 어떤 테스트나 인터뷰에서 점수를 높일 수 있는 기회가 되지요. 장점과 단점 묘사는 discussion(토의)이나 debate(토론)의 출발점이며 제가 주관하는 영어 교육 프로그램에는 매우 빈번히 등장하는 요소입니다.

통근 및 통학 방법

Commuting

저는 마을버스로 학교를 갑니다.

 I go to school by village bus.

🔘 I go to school by bus.

village는 우리가 연상하는 '마을'이라기 보다는 개발 도상국에서 볼 수 있는 아주 작은 마을을 뜻하지요. 따라서 '마을버스'를 village bus라고 하기에는 다소 어색해 그냥 bus가 좋을 듯합니다. 그리고 I go to school[work]… 패턴에 on foot, on my bike, by car, by bus 등을 붙여서 문장을 구성할 수는 있습니다만, 어색합니다. 틀린 건 아니지만 on foot은 마치 길고 험한 여정을 발로 걸어서 한 것 같은 느낌을, by에 교통수단을 붙인 문장들은 교통수단 자체에 의미를 두고 강조하는 느낌을 줍니다. 따라서 다음 예문을 사용할 것을 권합니다.

I take the bus/subway/train to school/work.

학교/ 회사까지 버스/ 지하철/ 기차를 탑니다.

I take a cab to school/work.

학교/ 회사까지 택시를 탑니다.

I walk/drive/carpool to school/work.

학교/ 회사에 걸어서/ 운전해서/ 카풀로 갑니다.

I ride my bike to school/work.

자전거를 타고 학교/ 회사로 갑니다.

 거리

The campus/office is close to where I live.

캠퍼스/ 사무실이 제가 사는 곳에서 가깝습니다.

It takes a while to get to school/work from where I live.

제가 사는 곳에서 학교/ 회사까지 가려면 오래 걸립니다.

It usually takes about a/[number] hour(s) to get to school/work.

보통 학교/ 회사까지 [숫자]시간 걸립니다.

two
2

It's within walking distance.

걸어서 갈 수 있는 거리에 있습니다.

 Step Up

It's an hour drive to work.

회사는 1시간 운전 거리에 있습니다.

이 표현은 아마 영어에서 가장 간결하고 세련된 문장 유형 중 하나일 겁니다. 일단 거리와 교통수단이 한 문장으로 해결되고, 걸리는 시간을 바꿀 수 있을 뿐만 아니라, drive(운전)를 ride(타고 감)로 교체하면 bus, subway, train이나 taxi까지 다 가능하며, work를 school로 고칠 수도 있지요. 예를 들면 It's a two-hour ride to school처럼요.

자신의 경험 영역 넓히기
내가 가 본 곳들은 어디인가?

여행지의 특성, 즉 문화, 풍경, 언어 등을 묘사하려면 현재 자기가 사는 곳과의 차이점을 미리 염두에 두는 것이 좋으며, 자신이 느낀 점을 잘 표현해내는 것도 중요하지요. 출장이었다면 업무상의 목적과 결과 같은 요소까지도 고려해야 합니다.

Part VI

여행

Travel

Tell me about a county or city you have traveled to.

여행했던 나라나 도시에 대해 말씀해 주세요.

Tell me about a business trip you have taken.

출장 갔던 곳에 대해 말씀해 주세요.

여행과 휴가

Travel & Vacation

저는 7월에 홍콩으로 여행을 갔습니다.

 I tripped to Hong Kong in July.

I went to Hong Kong in July.

trip은 '여행'을 뜻하는 명사입니다. trip을 '여행하다'라는 동사로 인식하면 안 됩니다. 동사로는 '발을 헛디뎌 넘어지다' 또는 마약을 복용해 '환각에 빠지다'가 아니면 경보기 같은 것을 '작동하다' 정도의 뜻으로만 사용합니다.

I went to [location] [number] years ago.

[숫자]년 전에 [장소]에 갔습니다.

Tokyo   two
도쿄   2

I took a trip to [location] in [number].

[숫자]년에 [장소]로 여행을 갔습니다.

Hawaii   2010
하와이

I traveled to [location] on my last vacation.

마지막 휴가 때 [장소]로 여행을 갔습니다.

Europe
유럽

I've been to [location].

[장소]에 가 본 적이 있습니다.

China
중국

✚ 국내 장소에 대한 추가 expressions는 Part 4 Home & Neighborhood를 참조하세요.

I usually just take a short trip to [location].

보통 그냥 [장소]로 짧게 여행을 갑니다.

Busan
부산

I like going to a small resort near the beach/ valley.

해변가/ 계곡 근처에 있는 작은 휴양지로 가는 걸 좋아합니다.

I normally take my family to [location].

보통 [장소]로 가족을 데리고 갑니다.

the beach
해수욕장

✚ 레저에 대한 expressions는 Part 3 Hobbies, Interests & Free Time Activities를 참조하세요.

I did backpack travel.

배낭여행을 했습니다.

위 오류는 직역에서 시작되었습니다. 배낭여행은 backpacking trip 입니다. 가장 간단한 표현은 I went backpacking이며, 다른 식으 로는 아래 첫 문장을 쓰면 됩니다.

여행 종류

I went on a backpacking trip.

배낭여행을 갔습니다.

It was a family trip.

가족 여행이었습니다.

It was a school field trip.

수학여행이었습니다.

It was a company retreat.

회사 MT였습니다.

I went there with my friends.

친구들과 같이 갔습니다.

I went on an exchange program in [school name].

[학교명]에 교환 프로그램으로 갔습니다.

Yale
예일대

I was stationed at [location] during my mandatory military service.

[장소]에서 군 복무를 했습니다.

Mokpo
목포

위에서 '회사 MT'가 나왔는데, 학교 MT는 뭐라고 할까요? 어떤 분들이 club initiation(클럽 입회)이라고 고쳐 쓰는걸 본 적이 있는데, 괜찮은 용어인 것 같습니다. 하지만 이 두 단어로 원어민에게 한국적인 MT 문화를 전달하기엔 어려우니, 뒤이어 좀 더 구체적으로 설명하는 것이 바람직할 겁니다.

I went to go to USA last year.

작년에 미국에 갔습니다.

'어디를 갔다'라는 말을 할 때 to go를 추가로 붙이는 경우가 많지만, 불필요할 뿐만 아니라 문법상 틀립니다. 단지 I went to...에 장소를 쓰기만 하면 됩니다. 그리고 미국 사람들은 미국을 일상 대화에서 USA라고 하지 않고 the U. S. 나 미국 밖에 있을 땐 the States라고 합니다.

 여행 기간

I was there for [duration].

그곳에 [기간] 동안 머물렀습니다.

a year
1년

I travelled around the country for [duration].

[기간] 동안 나라 곳곳을 돌아다녔습니다.

two months
2달

I go sightseeing.

관광을 합니다.

I take a lot of pictures.

사진을 많이 찍습니다.

I like to walk around.

걸어 다니기를 좋아합니다.

I take the tour bus.

관광버스를 탑니다.

I rent a car.

차를 빌립니다.

I try the local dishes.

현지 음식을 맛봅니다.

I talk to the people there.

그곳 사람들과 대화를 합니다.

I relax at the hotel.

호텔에서 쉽니다.

 Step Up ｜ **I avoid the tourist traps.**

바가지 관광 명소들을 피합니다.

tourist는 '여행자'이고 trap은 '함정'이니 뜻을 파악하기 어렵지 않지요? 명소로 구경 온 관광객에게 바가지 씌우는 행위는 세계 어디를 가든 볼 수 있는 광경이지요.

I like exploring other cultures.

다른 문화를 탐험하는 것이 좋습니다.

It's exciting to see new places.

새로운 곳들을 보는 것이 신납니다.

Traveling opens your eyes.

여행은 자신의 눈을 뜨게 해줍니다.

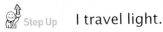 해외여행 때 챙기는 물건

I only pack a small suitcase.

오직 작은 여행 가방만 쌉니다.

I pack a lot of things.

많은 것을 쌉니다.

It depends on where I'm going.

어디로 가느냐에 따라 다릅니다.

my camera	laptop
카메라	노트북

I take [item] and [item] with me.

[물품]과 [물품]을 가지고 갑니다.

Step Up   I travel light.

짐을 가볍게 챙겨 여행을 합니다.

말 그대로 '가볍게 여행한다'는 뜻이지요.

집에서 휴가를 보내는 경우

I like staying home during the vacation.

휴가 때 집에 있는 것을 좋아합니다.

I watch TV all day.

하루 종일 TV를 봅니다.

I play online/video games.

온라인/비디오 게임을 합니다.

I catch up on my reading.

하지 못했던 독서를 합니다.

위에 나오는 catch up on…은 무엇을 '만회하다'라는 뜻으로, 뒤에 work를 붙이면 밀린 일을 한다는 것이고, sleep을 붙이면 밀린 잠을 잔다는 말이 되지요.

Step Up | **I just kick back at home.**

그냥 집에서 쉽니다.

비격식적으로 쓰이는 kick back은 relax와 비슷한 말로 '쉬다'라는 의미입니다.

☺ **향후 가고 싶은 곳**

I'm planning to go to [country name] in [number] years.

[숫자]년 안에 [나라명]에 가 볼 계획입니다.

Singapore   two
싱가포르   2

I want to go to [country name] someday.

언젠가 [나라명]에 가 보고 싶습니다.

Australia
호주

I've heard a lot of good things about [country name].

[나라 명칭]에 대해 좋은 얘기를 많이 들었습니다.

New Zealand
뉴질랜드

A friend of mine was there [number] years ago.

친구 한 명이 [숫자]년 전에 그곳에 갔습니다.

three
3

[Person] lives there.

[사람]이 거기에 삽니다.

my best friend
가장 친한 친구

I've always wanted to go there.

항상 그곳에 가고 싶었습니다.

A True Story

"I recommend you go to..."

한국에서는 왠지 모르게 영어로 말할 때 꼭 자신이 갔던 곳을 말하는 마무리가 있습니다. 듣는 상대방에게 그곳에 갈 것을 추천하는 것이지요. 그 중 I recommend you go to...가 가장 흔한 문장 패턴입니다. 저는 사실 아직까지도 이런 현상이 왜 벌어지는지를 모르겠습니다. 상대방이 "나도 가 볼까?"라고 한 것도 아닌데 말입니다. 제 짐작으로는 추천하는 것이 예의상 맞고, 마무리로 적절하다는 생각에서 나오는 것 같습니다. 하지만 필요 없을뿐더러 어색하기까지 합니다. 거기다가 I recommend...유형은 너무나도 격식을 차리고, 강요하는 듯한 느낌을 줍니다. 또 다른 종류의 마무리는 If I get a chance, I want to go there again with...(기회가 생기면 ~와 그곳을 다시 가고 싶다)입니다. 사실일 수도 있지만 가식적으로 들리기 일쑤입니다. 그러므로 마무리를 할 때는 얼마나 좋았는지를 다시 말하는 게 보다 좋은 전략일 수 있습니다.

It was an amazing trip.

놀라운 여행이었습니다.

It was a memorable trip because...

~때문에 잊지 못할 여행이었습니다.

I got a chance to meet a lot of people.

많은 사람들을 만날 수 있는 기회였습니다.

[Sight] was a mesmerizing sight.

[광경]은 넋을 빼는 광경이었습니다.

It was great experiencing another culture.

다른 문화를 경험하는 것이 아주 좋았습니다.

I went to ten
different cities
각각 다른 10개 도시에
갔다

Niagara Falls
나이아가라 폭포

출장

BusinessTrips

저는 출장을 많이 갑니다.

 I go to many business trips.

I go on many business trips.

영어 수준이 꽤 높은 비영어권 사람들이 가장 나중에 습득하는 품사 중 하나가 전치사입니다. 관사와 더불어 가장 혼동되는 품사이지요. 위의 문장은 거의 완벽하지만 'trip을 간다'라고 할 때는 to 대신 on을 써야 됩니다. business라는 단어가 들어가도 마찬가지이지요.

I take a lot of business trips to [country name].

[나라명]에 출장을 많이 갑니다.

Taiwan
대만

I deal mostly with clients in [country name].

주로 [나라명]에 있는 고객들을 대합니다.

Russia
러시아

We have a subsidiary/partner in [country name].

저희는 [나라명]에 자회사/ 파트너가 있습니다.

Japan
일본

I usually visit an undeveloped **country.**

저는 보통 미개발국을 방문합니다.

사전상으로는 '미개발국'이 undeveloped country 입니다만, 정치적으로 차별적인 뉘앙스가 있으니 과히 좋은 용어가 아니지요. '저개발국'인 underdeveloped country 가 더 적합합니다.

☺ 출장 빈도

I go at least once a month.

적어도 한 달에 한 번 갑니다.

I go about once/twice/[number] **times a year.**

일 년에 한 번/ 두 번/ [숫자] 번 갑니다.

I don't go on many business trips.

출장을 많이 가지 않습니다.

I make sales presentations.

영업 프레젠테이션을 합니다.

I negotiate contracts.

계약 협상을 합니다.

I tour the plants.

공장을 견학합니다.

I have meetings with staff/clients/suppliers.

직원들/ 고객들/ 납품 회사들과 회의를 합니다.

staff는 이미 복수형이니 s를 붙이지 않습니다.

I meet other country men.

저는 다른 나라 사람들을 만납니다.

'다른 나라 사람들'은 other country men이 아닙니다. 거기다가 men 이면 남자들만 언급하는 거지요. people from other countries 가 더 적합합니다.

memo

memo

Right at that time, I didn't know what to say.
바로 그 당시에는 뭐라고 말할지 몰랐어.

'그'를 that으로, '때'를 time으로, 또 '에'를 at로 직역
하다 보니 at that time이 나왔겠지요. 하지만 '그'에
해당하는 것은 the가 될 수도 있습니다. 우리가 이렇
게 이해하고 있는 at that time은 at the time이 맞
습니다. at that time이라고 하면 '바로 그때'에 더 가
깝지요.

6 Part III P.184

The movie was interesting. X
영화가 흥미로웠어.

The movie was fun. O
영화가 재미있었어

It was interesting **to me.** X
제 흥미를 끌었습니다.

It fascinated **me.** O
제 마음을 사로잡았습니다.

➔ 원어민이 interesting을 사용하는 경우

That's an interesting **idea.**
그거 재미있는 아이디어군.

I read an interesting **article.**
흥미로운 기사를 읽었어.

'재미있다'와 '흥미롭다'를 interesting으로 번역해
말하면 상대방이 오해를 할 수 있습니다. 왜냐하면 원
어민에게 interesting은 '그저 그래'에 더 가깝거든
요. 또한 호기심이 자극 받았을 때에도 interesting
을 사용하지요. '즐겁다'라는 뉘앙스는 아닙니다.

7

I dislike **milk.** X
난 우유가 싫어.

I don't like **milk.** O
난 우유를 좋아하지 않아.

They dislike **each other.** X
그들은 서로 싫어한다.

They can't stand **each other.** O
그들은 서로 질색한다.

➔ 원어민이 dislike를 사용하는 경우

I have my likes and dislikes.
제가 좋아하고 안 좋아하는 것이 있습니다.

The king disliked **the queen.**
왕은 왕비를 싫어했다.

dislike는 1567년부터 쓴 말이니 오래된 뉘앙스가
절로 풍깁니다. 아예 hate(싫어하다)라는 단어를 쓰
든지 like를 부정형으로 바꾼 don't like를 쓰는 것이
바람직합니다.

8 Part II P.66

It's some sour. X
조금 십니다.

It's a little sour. O
조금 십니다.

It's some complicated. X
조금 복잡합니다.

You should enjoy **the beach.** X
해변을 즐기세요.

You'll love **the beach.** O
해변을 아주 좋아 할 겁니다.

I want to enjoy **a movie.** X
영화를 즐기고 싶어요.

I want to go see **a movie.** O
영화를 보러 가고 싶어요.

➜ 원어민이 enjoy를 사용하는 경우

Lots of people enjoy horror movies.
많은 사람들이 공포 영화를 좋아해.

I'm glad you're enjoying yourself.
당신이 즐기는 것 같아서 기뻐.

× × × × × × × × × × × × × × × × × × × ×
원어민들이 enjoy를 자주 씁니다만, like 또는 love
라는 단어를 더 자주 씁니다. enjoy는 자신이 무엇
을 즐긴다는 표현을 할 때 쓰면 좋은데, 첫 번째 예문
처럼 아직 발생하지 않은 즐거움이나 실제로는 즐거
워하지 않을 수 있는 것을 상대방에게 강조할 때 쓰
면 문제가 됩니다.
× × × × × × × × × × × × × × × × × × × ×

I'm sad nowadays. X
요즘 슬퍼요.

I've been sad lately. O
요즘 슬퍼요.

Nowadays **I want to study harder.** X
요즘은 공부를 더 열심히 하고 싶어요.

I want to study harder now. O
이제 공부를 더 열심히 하고 싶어요.

➜ 원어민이 nowadays를 사용하는 경우

Kids nowadays are so rude.
요즘 애들은 참 버릇이 없어.

The weather's unpredictable nowadays.
요즘에는 날씨를 예측할 수 없어.

× × × × × × × × × × × × × × × × × × × ×
nowadays는 개인의 최근 상황보다는 이 시대나
사회적으로 벌어지는 것을 언급하는 경우 더 많이 씁
니다. 자신의 처지를 말할 때는 lately, now, these
days가 더 적합합니다.
× × × × × × × × × × × × × × × × × × × ×

At that time **I was too young.** X
그 당시 저는 너무 어렸지요.

Back then **I was too young.** O
그 당시 저는 너무 어렸지요.

I was in high school at that time. X
그때 고등학교를 다니고 있었어요.

I was in high school at the time. O
그때 고등학교를 다니고 있었어요.

➜ 원어민이 at that time을 사용하는 경우

Call me at that time.
그 시간에 내게 전화해.

1

Cell phones are useful. X
휴대 전화는 유용합니다

Cell phones are convenient. O
휴대 전화는 편리합니다.

My MP3 player is useful. X
제 MP3플레이어는 유용합니다.

I can't live without **my MP3 player.** O
저는 MP3플레이어 없이는 못살아요.

➜ 원어민이 useful을 사용하는 경우

That's useful information.
그건 유용한 정보네요.

Make yourself useful and do something, will you?
뭔가 좀 하면서 쓸모 있게 굴어봐, 응?

× × × × × × × × × × × × × × × × × × × ×

useful은 '유용하다'보다는 '도움이 되다'라는 뜻에 더 가깝고 흔히 생각하는 '유용하다'는 convenient 에 가깝습니다. 보통 어떤 기기에 대해 '유용하다'라고 하는데, 그 기기가 어떤 기능이 있는지 구체적으로 말하는 것이 가장 좋습니다. My MP3 player is small, so I can carry it with me easily처럼요.

× × × × × × × × × × × × × × × × × × × ×

2

I'm going skiing, so I need to prepare **my skis.** X
스키를 타러 갈 거라 스키를 준비해야 합니다.

I'm going skiing, so I need to get my skis ready. O
스키를 타러 갈 거라 스키를 준비해야 합니다.

It was my girlfriend's birthday yesterday, so I prepared **a gift.** X
어제가 여자 친구 생일이라 선물을 준비했어요.

It was my girlfriend's birthday yesterday, so I got **her a gift.** O
어제가 여자 친구 생일이라 선물을 준비했어요.

➜ 원어민이 prepare를 사용하는 경우

I have to prepare for an exam.
시험 준비를 해야 해요.

Are you prepared to work on the weekends?
주말에도 일할 준비가 되어있니?

× × × × × × × × × × × × × × × × × × × ×

뭔가를 '준비하다'를 prepare로만 인식해서 생기는 오류입니다. 원어민들도 무엇을 준비한다는 말을 잘합니다. 하지만 prepare보다는 get dinner ready(저녁을 준비하다) 또는 get a present(선물을 사다)로 표현합니다.

× × × × × × × × × × × × × × × × × × × ×

It's somewhat complicated. O
다소 복잡합니다.

➡ 원어민이 some을 사용하는 경우

That's some car you have there.
그거 굉장한 자동차군요.

Would you like some?
조금 드릴까요?

My mother said to me stop. X
어머니께서 제게 그만하라고 하셨습니다.

My mother told me to stop. O
어머니께서 제게 그만하라고 하셨습니다.

I will say to him no. X
그에게 싫다고 말하겠어요.

I will tell him no. O
그에게 싫다고 말하겠어요.

➡ 원어민이 say to를 사용하는 경우

So I said to myself, "Do it."
"해라"라고 제 자신에게 말했지요.

What did you say to her?
그녀에게 뭐라고 말했어?

  Part II P.72, Part IV P.242

My mother is kind. X
저희 어머니는 다정해요.

My mother is understanding. O
저희 어머니는 너그러워요.

My neighbor is kind. X
제 이웃은 친절해요.

My neighbor is a nice guy. O
제 이웃은 좋은 사람이에요.

➡ 원어민이 kind를 사용하는 경우

The elderly lady next door is very kind.
옆집 할머니께서는 아주 친절하세요.

You're very kind.
마음 써주셔서 고맙습니다.